60 DÍAS

DE LO

INUSUAL

RYAN
LeSTRANGE

CASA
CREACIÓN

La mayoría de los productos de Casa Creación están disponibles a un precio con descuento en cantidades de mayoreo para promociones de ventas, ofertas especiales, levantar fondos y atender necesidades educativas. Para más información, escriba a Casa Creación, 600 Rinehart Road, Lake Mary, Florida, 32746; o llame al teléfono (407) 333-7117 en Estados Unidos.

60 días de lo inusual por Ryan LeStrange
Publicado por Casa Creación
Una compañía de Charisma Media
600 Rinehart Road
Lake Mary, Florida 32746
www.casacreacion.com

Traducido por: Ernesto Giménez (thecreativeme1@gmail.com)
Diseño de portada por: Justin Evans
Director de Diseño: Justin Evans

Originally published in the U.S.A. under the title:
60 Days of Unusual
Published by Charisma House, a Charisma Media Company,
Lake Mary, FL 32746 USA
Copyright © 2020
All rights reserved

Visite la página web del autor: www.ryanlestrange.com

Copyright © 2020 por Casa Creación
Todos los derechos reservados

Library of Congress Control Number: 2019952560
ISBN: 978-1-62999-307-2
E-book: 978-1-62999-308-9

¡Este libro está dedicado a todos los soñadores y constructores del Reino!

Usted no nació para nada común. Dios lo diseñó para creer lo imposible y alcanzar lo sobrenatural. Mi oración es que continúe alcanzando los mayores niveles tanto en la oración como en su búsqueda; que se embarque en atrevidos viajes de fe; que haga oraciones del tamaño de Dios; y que pueda tener pensamientos decididos de logros y victorias. Sea cuales sean sus circunstancias, no abandone el sueño que está en su corazón.

CONTENIDO

PRÓLOGO

"El Señor vendrá, como lo hizo contra los filisteos en el monte Perazim, y contra los amorreos en Gabaón. Vendrá para hacer algo extraño; vendrá para hacer algo poco común [o inusual]" (Isaías 28:21, NTV).

DIOS DESEA QUE todos experimentemos algo inusual en nuestra vida. Esto podría venir a través de las profecías, la predicación, la oración, la imposición de manos, etcétera; pero debemos creer y esperar que lo inusual se convierta en una realidad para nosotros.

Ryan LeStrange ha experimentado muchos milagros sobrenaturales e inusuales durante su ministerio, y en este libro nos trae la palabra que Dios tiene para nosotros en este tiempo. En este libro encontraremos palabras, definiciones y declaraciones que nos permitirán caminar bajo un poder extraordinario. Si desea ver milagros, señales y maravillas, este libro es para usted.

Dios desea dar a conocer a su pueblo muchos misterios y lo que Ryan nos revela en las páginas de este libro, nos llevará alcanzar la victoria. Al unirnos a Ryan en este viaje de sesenta días, profetizo manifestaciones inusuales en su vida personal, familiar y comercial. ¡Desde hoy se manifestarán favores inusuales y milagros inusuales en su vida!

JOHN ECKHARDT, DIRECTOR DE CRUSADERS MINISTRIES, AUTOR DEL ÉXITO DE VENTAS *ORACIONES QUE DERROTAN A LOS DEMONIOS*

AGRADECIMIENTOS:

UN AGRADECIMIENTO ESPECIAL a mi novia de más de veinte años, Joy LeStrange. ¡Has estado conmigo en todos los altibajos, en cada aventura y en cada valle! Con el tiempo nuestro amor crece y crece. No podría hacer nada de lo que hago sin ti. Gracias a mi fuerte y asombrosa madre, Eileen Hromin, que ha sido una parte importante de mi éxito como escritor. ¡Y muchas gracias a mis socios ministeriales, miembros del personal y del equipo que han bendecido mi vida de innumerables maneras! Este es un trabajo en conjunto que no podría hacerse sin ustedes. Gracias desde el fondo de mi corazón. Sigamos aventurándonos juntos.

INTRODUCCIÓN

ME ENCONTRABA EN un vuelo hacia una ciudad en particular para ministrar, cuando el Señor comenzó a hablarme: "¡Ryan, una palabra puede cambiar tu vida!". Había escuchado esta declaración tantas veces y predicado sobre el mismo tema otras tantas, que no era información nueva para mí. Pero ese día, cuando Dios pronunció aquellas palabras, ¡retumbaron en mi espíritu como un cohete! Sentí el poder de Dios en su decreto. Una palabra es suficiente para desatar el favor de Dios. Una palabra es suficiente para provocar un cambio. Una palabra es suficiente para sacudir nuestra vida.

Comencé a meditar en lo que el Señor me estaba diciendo. ¿Había alguna palabra específica hacia la que quería llamar mi atención? ¿Por qué me lo dijo mientras volaba hacia aquella ciudad? Decidí preguntarle y claramente me habló sobre la palabra *inusual*. Me dijo: "Al aterrizar quiero que prediques sobre lo inusual. Prepara a mi pueblo para dar pasos inusuales y poco comunes. Prepáralos para interrupciones inusuales en sus patrones mundanales, prepáralos para recibir cantidades inusuales de mi poder sobrenatural".

Cuando prediqué la palabra en ese servicio, la congregación comenzó a reportar situaciones, cambios y bendiciones inusuales. Luego, el Señor me visitó nuevamente con la misma palabra, pero esta vez con un mayor peso y urgencia. Entendí entonces que aunque la palabra era extremadamente simple, tenía un gran potencial para cambiar vidas.

1

En el siguiente servicio donde ministré, se desató la unción y el poder de Dios, decretando lo inusual para esa congregación. La gente se sanaba y fortalecía, y comenzaron a tomar decisiones estratégicas y a experimentar situaciones sobrenaturales.

Creo que Dios quiere hacer lo mismo en su vida mientras lee este libro. La palabra *inusual* significa "poco común, raro", y es sinónimo de *anormal, atípico, poco habitual, especial, extraordinario, peculiar y único*.[1] Y eso es exactamente lo que creo que Dios desea manifestar en su vida al leer este libro: experiencias anormales, atípicas, poco habituales, ¡y extraordinarias!

En el libro de los Hechos encontramos una asombrosa secuencia de milagros inusuales:

> "Y hacía Dios milagros extraordinarios por mano de Pablo, de tal manera que aun se llevaban a los enfermos los paños o delantales de su cuerpo, y las enfermedades se iban de ellos, y los espíritus malos salían".
>
> —HECHOS 19:11–12

Podemos ver en este versículo que había una manifestación rara y poco común del poder de Dios que estaba generando resultados milagrosos. Un milagro se puede definir como una intervención divina en los asuntos humanos. Dios quiere producir resultados milagrosos a la vida de su pueblo y los milagros curativos forman parte de la ecuación, pero creo que Dios quiere que su poder se filtre a cada aspecto de nuestra vida.

Durante los próximos sesenta días emprenderemos un

viaje de reflexión, meditación y esperanza, basados en una sola palabra: ¡Inusual! Prepárese para recibir bendiciones inusuales, para recibir una medida inusual del favor divino, para experimentar la presencia de Dios de forma inusual y para disfrutar de un discernimiento inusual. Pido a Dios que a medida que usted vaya leyendo cada día y repitiendo cada declaración, las promesas se vayan manifestando en su vida, saliendo así del ámbito de las limitaciones para dar un salto hacia lo inusual.

Usted no nació de nuevo para vivir una vida mediocre, carente del poder de Dios. Fue creado con la plena naturaleza de Dios en su interior y diseñado para alcanzar grandes logros para el Reino. Necesita zambullirse en el poder de Dios para romper el dominio de lo común y asumir las posibilidades de lo sobrenatural. Así que, ¡lo invito a que nos sumerjamos!

MILAGROS INUSUALES

Eres el Dios que hace maravillas; has dado a
conocer tu fortaleza entre los pueblos.
—Salmo 77:14

DEFINICIÓN

Milagro: "Un milagro es un acontecimiento extraordinario que manifiesta la intervención divina en los asuntos humanos; acontecimiento, cosa o logro extremadamente excepcional o inusual".

DEVOCIÓN

Un milagro es una intervención sobrenatural y divina en nuestros asuntos cotidianos. Los milagros no ocurrieron solo durante los días bíblicos, ni son para unos pocos en estos tiempos modernos. Dios desea intervenir en su vida.

¡Espere ver milagros hoy! No permita que el pensamiento humano ni sus habilidades naturales lo limiten. Declaro que hoy será un día poderoso y milagroso inusual en su vida. Cuando el poder de Dios comienza a obrar, lo imposible se vuelve repentinamente posible. Elija creer en Dios hoy, y Él hará todo lo que parezca imposible en su vida.

¡No se limite! No limite su pensamiento, su fe o sus oraciones. El cielo no es un claustro, sino un lugar abierto donde el Espíritu Santo tiene fácil acceso a nuestra vida gracias a la sangre derramada por Jesucristo, que vino a abrir el camino para nosotros.

Los milagros son su herencia. Espere hoy infusiones divinas de poder y autoridad en su vida.

CONFESIÓN

Padre, ¡nada me va a limitar de ti! Elimino los límites de mi pensamiento, de mis sueños y de mis creencias. Creo que tu poder está actuando en mi mente, en mi cuerpo, en mis finanzas y en mis relaciones diarias. En el nombre de Jesús, reclamo tu poder obrador de milagros sobre mi vida. Amén.

MI REFLEXIÓN DIARIA

¿Qué mensaje quiere darle Dios con esta promesa profética?

DÍA 2

AVANCE INUSUAL

Desde mi angustia clamé al Señor, y Él
respondió dándome libertad.
—Salmo 118:5, NVI

DEFINICIÓN

Avance: "Acto o instancia de moverse a través o más allá de un obstáculo; asalto militar ofensivo que va más allá de la línea defensiva; adelanto repentino".

DEVOCIÓN

El plan de Dios es que usted avance de manera decidida. Independientemente de que las probabilidades parezcan estar en su contra, ¡la fuerza para avanzar está a su disposición! Cuando ora, alaba a Dios y permanece en la fe y en la Palabra de Dios, el poder de Dios viene en su defensa. Nada podrá detenerlo, ¡y obtendrá liberación! Los poderes demoníacos hacen todo lo posible para limitarnos y cercarnos, pero el poder de Dios nos libera.

La Biblia dice que donde está el Espíritu del Señor, hay libertad (ver 2 Co. 3:17). Esto quiere decir que la presencia de Dios nos hace avanzar hacia nuestra liberación. Los hijos de Israel siempre enviaban cantores a la batalla antes que al resto del grupo, porque los sonidos de las alabanzas y los cantos de gratitud derribaban los obstáculos del enemigo. Alabe hoy a Dios por su libertad. Incluso antes de que se manifieste su respuesta, alábele porque la victoria es de Él. ¡Alabe a Dios porque Él le permite avanzar de forma inusual! Decreto que hoy es un día de libertad en todos los aspectos de su vida.

CONFESIÓN

Gracias Padre, porque me permites avanzar de forma inusual en cada aspecto de mi vida. Hoy rompo todas las limitaciones y te alabo por el nivel inusual de libertad que me concedes. Decreto libertad en mi mente, para mi familia, en mis finanzas y en mi vida espiritual. ¡Declaro que soy libre! Tu Hijo me ha liberado, y por eso soy realmente libre. Avanzo porque así me lo has permitido, en el nombre de Jesús. Amén.

MI REFLEXIÓN DIARIA

¿Qué mensaje quiere darle Dios con esta promesa profética?

UNCIÓN INUSUAL

Vosotros sabéis [...] cómo Dios ungió con el Espíritu
Santo y con poder a Jesús de Nazaret, y cómo este
anduvo haciendo bienes y sanando a todos los opri-
midos por el diablo, porque Dios estaba con Él.

—HECHOS 10:38

DEFINICIÓN

Unción: "El poder de Dios en nuestra naturaleza física; aquello que marca la diferencia en la vida; manifestación del poder de Dios".

DEVOCIÓN

Durante su ministerio terrenal, Jesús fue conocido por su extraordinario poder. Dondequiera que iba, se manifestaba un poder y una unción poco comunes. Los enfermos sanaban, los oprimidos eran liberados y los que estaban cansados eran renovados, todo gracias a su unción.

La palabra traducida como *unción* en Hechos 10:38 es *chriō*, que significa "untar o frotar con aceite".[1] Cuando la unción está sobre nosotros, Dios unta y frota su poder sobre nosotros, y este poder nos faculta para realizar grandes hazañas.

Dios quiere derramar hoy su unción inusual para ayudarlo, fortalecerlo y capacitarlo para llevar a cabo la obra de su Reino. Espere que Él actúe. Cuando se manifiesten estos niveles inusuales de unción sobre su vida, los resultados serán inusuales.

¡Reciba su unción! ¡Espere su unción! Declare su unción y camine en ese poder que quita toda carga.

CONFESIÓN

¡Decreto que soy ungido! Dios derramó y frotó su poder sobre mí, y su unción fluye de lo más íntimo de mi ser. Tengo la unción de Dios conmigo donde quiera que vaya. Soy fuerte y no débil. Camino con habilidades y funciones sobrenaturales en el ámbito del Espíritu Santo. En el nombre de Jesús, amén.

MI REFLEXIÓN DIARIA

¿Qué mensaje quiere darle Dios con esta promesa profética?

_____

_____

_____

_____

_____

_____

_____

TAREAS INUSUALES

Pon en manos del Señor todas tus obras, y
tus proyectos se cumplirán.
—Proverbios 16:3, NVI

DEFINICIÓN

Tarea: "Acto de asignar algo; ser escogido para un puesto de trabajo; una tarea específica o cantidad de trabajo otorgada por una autoridad".

DEVOCIÓN

A medida que nos entregamos al Señor, Él le asignará tareas inusuales para su Reino. Las oportunidades divinas desatan habilidades sobrenaturales. Cuando actuamos bajo la dirección del cielo, experimentamos el favor y la unción del Espíritu Santo. Incline su rostro y escuche las instrucciones de Dios. Preste especial atención a esa pequeña voz interna del Espíritu Santo y actúe decididamente al escuchar los más mínimos susurros del cielo.

A un hombre o mujer entregado a Dios se le pueden confiar tareas únicas. Las tareas divinas son parte fundamental de nuestro desarrollo hacia lo inusual. El Padre tiene tareas para que nosotros expandamos su Reino en la tierra. Ya sea que su influencia sea su familia, el mercado, una relación, la iglesia o un ministerio, Él le pide que sea un embajador efectivo de su Reino en todas las facetas de su vida. ¡No se sorprenda cuando Él lo reclute para realizar tareas inusuales y sobrenaturales!

CONFESIÓN

Te agradezco, Padre, porque mi camino ya está establecido en tu amor. Descanso en ti hoy, en tu bondad y fidelidad, seguro de que tienes todos mis pasos trazados. Te agradezco por las asignaciones inusuales y poderosas del Reino en mi vida, y declaro que no tardaré en obedecer cuando escuche tu voz. También declaro que tengo todos los recursos y capacidades para hacer lo que me pidas. Me inclino ante ti y aprovecho tu poder inusual para cumplir las tareas inusuales que me das cada día. En el nombre de Jesús, amén.

MI REFLEXIÓN DIARIA

¿Qué mensaje quiere darle Dios con esta promesa profética?

....

....

....

....

....

MOMENTOS INUSUALES

*Y en seguida la fuente de su sangre se secó; y sintió
en el cuerpo que estaba sana de aquel azote.*
—MARCOS 5:29

DEFINICIÓN

Momento: «Período corto; una pequeña porción de eternidad que tiene potencial y poder».

DEVOCIÓN

Dios está trayendo momentos inusuales a su vida. Cuando la mujer con el flujo de sangre de Marcos 5 escuchó hablar sobre Jesús, se abrió paso entre la multitud para tocarlo, y de inmediato experimentó los resultados (ver vv. 25–34). Pero antes de recibir su milagro, hubo un momento en el que sintió el impulso de levantarse.

¿Qué habría pasado si la mujer se hubiera quedado sentada aceptando lo que efectivamente era una sentencia de muerte? Su historia habría terminado de una manera muy diferente. Pero en lugar de ponerse a pensar en su dolor, la mujer vio el potencial del momento que tenía frente a ella. Era su momento *kairos*, el momento designado por Dios para su curación, un momento cargado de potencial y poder. ¡Así que decidió levantarse!

La Biblia nos dice en Eclesiastés 3, que hay un tiempo

para todo. Hay momentos en los que debemos levantarnos y hay momentos en los que debemos permanecer callados. Hay también momentos que revelan la grandeza que ha estado en nosotros todo el tiempo. Dios nos da momentos de oportunidades inusuales. David tuvo un momento para derrotar a Goliat, y su valiente obediencia para aprovechar ese momento lo llevó a un nuevo nivel.

¡Un momento bien discernido puede llevarnos a un nuevo nivel! Prestemos atención y aprovechemos el momento.

CONFESIÓN

Padre, te agradezco los momentos poderosos y profundos de mi vida. Declaro que discierno correctamente cada momento y que me levanto cuando sea necesario. Declaro que me muevo en el poder de Dios en el momento oportuno. Decreto momentos inusuales de logros, bendiciones, éxitos y oportunidades, en el nombre de Jesús. Amén.

MI REFLEXIÓN DIARIA

¿Qué mensaje quiere darle Dios con esta promesa profética?

....

....

....

....

....

CONTRATOS Y BENEFACTORES INUSUALES

*Sino acuérdate de Jehová tu Dios, porque Él te da
el poder para hacer las riquezas, a fin de confir-
mar su pacto que juró a tus padres, como en este día.*
—DEUTERONOMIO 8:18

DEFINICIÓN

Contrato: "Acuerdo vinculante entre dos o más partes; compromiso"

Benefactor: "Alguien o algo que proporciona ayuda o una ventaja; que confiere un beneficio; *especialmente* una persona que hace un regalo o deja un legado".

DEVOCIÓN

Espere recibir constantemente contratos, acuerdos, oportunidades y riquezas inusuales. En Deuteronomio 8:18 se nos promete poder para generar riquezas y declara prosperidad. Dios quiere llevarlo ante aquellos que serán parte de ese cambio y hacer que se gane el favor de ellos. Espere esto por fe. Dios le dio la capacidad de prosperar y bendecir.

Oportunidades inusuales le llegarán, así como ofertas inusuales. Aún recuerdo el primer contrato editorial impor- tante que recibí. Fue una promesa cumplida, pero había orado por ella, la había declarado y creí antes de que llegara. Su fe abre las puertas a la prosperidad.

CONFESIÓN

Padre, te agradezco por las oportunidades, los contratos y los benefactores inusuales. Tú me llevas ante las personas adecuadas con las oportunidades adecuadas que me permiten llevar a cabo tus planes en mi vida. En el nombre de Jesús, decreto dimensiones inusuales de prosperidad sobre mi vida. ¡Amén!

MI REFLEXIÓN DIARIA

¿Qué mensaje quiere darle Dios con esta promesa profética?

....

....

....

....

....

....

....

....

ASOCIACIONES, CONEXIONES Y ALINEACIONES INUSUALES

Mejores son dos que uno; porque tienen mejor paga de su trabajo. Porque si cayeren, el uno levantará a su compañero; pero ¡ay del solo!, que cuando cayere, no habrá segundo que lo levante.
—ECLESIASTÉS 4:9-10

DEFINICIÓN

Asociación: "Relación que se asemeja a una sociedad legal y que generalmente implica una estrecha cooperación entre las partes que tienen derechos y responsabilidades específicos y conjuntos".

Conexión: "Los vínculos que existen entre personas, empresas o ministerios".

Alineación: "Es el acto o el estado de estar en concordancia con algo o alguien; *especialmente*: el posicionamiento adecuado o la posición correcta de las piezas (como en un dispositivo mecánico o electrónico) en relación con las demás; formación en línea; disposición de grupos o fuerzas que se relacionan entre sí".

DEVOCIÓN

No se sorprenda de tener asociaciones y alineaciones inusuales. Una parte importante del destino depende de *con quién* estamos conectados. A menudo, nos dedicamos mucho al *qué* y al *dónde*, pero olvidamos *con quién* planeamos nuestra vida, nuestro destino y las hazañas para el Reino, lo cual marca una gran diferencia.

Espere establecer conexiones divinas. Sea rápido para reconocer la oportunidad en cada relación y siembre en ellas. En el ajetreo de la vida es extremadamente fácil pasar por alto las conexiones del Reino. Muéstrese sensible a las puertas que Dios le abra y a la forma en que lo conecte con la gente adecuada. Tal vez le sorprenda las personas con las que Dios elige conectarlo. Muchas veces, cuando estamos a punto de entrar en una nueva temporada, nos conectamos con personas nuevas o profundizamos nuestras relaciones con las actuales e incluso nos liberamos de algunas relaciones antiguas. Permita que Dios envíe las conexiones y asociaciones inusuales que necesita en su vida. ¡Recuerde que dos son mejor que uno!

CONFESIÓN

Padre, te agradezco por las conexiones gloriosas y divinas que colocas en mi vida. Espero las personas correctas y relaciones aprobadas por ti. Espero asociaciones sobrenaturales en mi vida. Decreto que me estás conectando con la gente correcta y me estás desconectando de la gente equivocada. En el nombre de Jesús. Amén.

MI REFLEXIÓN DIARIA

¿Qué mensaje quiere darle Dios con esta promesa profética?

VALENTÍA INUSUAL

Espera con paciencia al Señor; sé valiente y esforzado.
—Salmo 27:14, NTV

DEFINICIÓN

Valentía: "No tener temor ante el peligro".

DEVOCIÓN

Dios está liberando en usted una valentía inusual para que lleve a cabo lo que Él le ha pedido, ¡así que no debe temer! Para realizar hazañas para el Reino, usted debe liberarse del miedo. Dios le dará sueños audaces. Está buscando hombres y mujeres que se atrevan a abandonar sus pensamientos, creencias y oraciones limitadas. El cielo está buscando personas a los que el Padre pueda revelarles sueños que estremezcan la tierra.

La valentía está estrechamente vinculada con la audacia. El enemigo hace todo lo posible para sembrarnos miedo; nos hace pensar en las cosas equivocadas, hablar de las cosas equivocadas y creer en las cosas equivocadas. Pero si usted pasa tiempo en la presencia de Dios y le permite que llene su corazón con su inagotable amor, tendrá tranquilidad y valentía, y un discernimiento poco común que liberará esa valentía inusual que le permitirá avanzar hacia el ámbito de los milagros.

CONFESIÓN

Padre, te agradezco por darme valentía. Te agradezco porque no me has dado un espíritu de miedo, sino de poder y de amor, y también una mente sana. Decreto valentía en mi vida, decreto poder en mi vida. Decreto valentía para dar el primer paso y para hacer tu voluntad. En el nombre de Jesús, amén.

MI REFLEXIÓN DIARIA

¿Qué mensaje quiere darle Dios con esta promesa profética?

_____

_____

_____

_____

_____

_____

_____

_____

GENIO INUSUAL

Porque ¿quién conoció la mente del Señor? ¿Quién le
instruirá? Mas nosotros tenemos la mente de Cristo.
<small>—1 CORINTIOS 2:16</small>

DEFINICIÓN

Genio: "Tener un extraordinario poder intelectual, especialmente manifestado en actividad creativa; alguien dotado de una extraordinaria superioridad mental".

DEVOCIÓN

Ser genio es tener un poder intelectual o creativo excepcional u otra habilidad natural. Es ser brillante, inteligente, tener intelecto, habilidades e inteligencia. ¡No es algo común! Imagine tener acceso al ámbito del discernimiento, la sabiduría y el conocimiento. ¡Todo eso está disponible! Estas cualidades están disponibles para usted a la hora de tomar decisiones y enfrentar desafíos. El ámbito del poder creativo y las de las habilidades inusuales está a su disposición. Es hora de aprovechar y hacer suyo el poder de la sabiduría de Dios, capaz de romper límites y barreras.

Dios está liberando ideas, planes y estrategias inusuales para usted. Aproveche la mente de Cristo a través de la oración, la confesión y la meditación. No limite sus pensamientos, sueños o imaginación. Permita que Dios controle sus pensamientos y busque su sabiduría en cada situación que enfrente.

CONFESIÓN

Gracias Señor, por darme un genio inusual. Confieso que tu creatividad y sabiduría se manifiestan en mi vida. Decreto la liberación de estrategias e ideas que cambian mi vida. Gracias Padre, por darme la mente de Cristo. Declaro sabiduría y soluciones divinas en mi vida. En el nombre de Jesús, amén.

MI REFLEXIÓN DIARIA

¿Qué mensaje quiere darle Dios con esta promesa profética?

....

....

....

....

....

....

....

PROTECCIÓN INUSUAL

*Pues a sus ángeles mandará acerca de ti, que te
guarden en todos tus caminos. En las manos te llevarán, para que tu pie no tropiece en piedra.*
—SALMO 91:11-12

DEFINICIÓN

Protección: "Proteger o ser protegido; preservar de heridas
o de daño; una cosa, persona o grupo que protege; en el
sentido bíblico, es permanecer bajo el dosel del cielo y estar
separados del enemigo".

DEVOCIÓN

Espere una protección inusual por parte de Dios. Este es uno
de los atributos más bellos del amor del Padre. Él lo protege
y provee una protección sobrenatural sobre su mente, su
cuerpo y su vida. No tenga miedo de los planes del enemigo.

La mano de Dios puede rescatarlo de toda calamidad, trage-
dia y accidente. Es vital que aprenda a confiar en la protección
inusual que Dios le da. Cuando escuche la voz de Dios y su
dirección, Él lo alejará del peligro, ya sea de forma física o
espiritual. Confíe en la voz del Señor y crea en su protección.

CONFESIÓN

Padre, te agradezco por protegerme y también por proteger a mi familia. En el nombre de Jesús pongo todo lo que tengo en tus manos y rompo el poder del miedo en mi vida. Reprendo todo espíritu de miedo, de accidente, de calamidad y de explotación. Ahora descanso en ti y estoy seguro en ti. Escucho tu voz y obedezco. Eres mi lugar seguro. Te agradezco por la protección inusual y sobrenatural que me das, en el nombre de Jesús. Amén.

MI REFLEXIÓN DIARIA

¿Qué mensaje quiere darle Dios con esta promesa profética?

....

....

....

....

....

....

....

....

SHAMAR INUSUAL

Sobre tus muros, oh Jerusalén, he puesto guardas;
todo el día y toda la noche no callarán jamás. Los
que os acordáis de Jehová, no reposéis.

—ISAÍAS 62:6

DEFINICIÓN

Shamar: "Vigilar, guardar, proteger, ser un vigilante".[1]

Guardia: "Persona que protege, vigila, defiende, asegura algo, preserva, conserva, supervisa, mantiene bajo vigilancia o control, gobierna, contiene, reprime, está alerta o tiene cuidado de algo".[2]

DEVOCIÓN

Una de las dimensiones de la unción profética es la dimensión *shamar*. En ella, experimentamos una unción de vigilancia que protege nuestra vida. ¡Espere entonces un nivel inusual de *shamar*! El cielo le revelará los planes del enemigo cuando este desee engañarlo o hacerle daño.

Obedezca la señal del Espíritu Santo cuando le pida que haga algo o cuando le pida que no lo haga. Usted puede recibir advertencias de diferentes maneras, quizá a través de la voz de Dios, de una visión o un sueño, de una corazonada o incluso a través de sus sentidos espirituales. A veces no sabemos de dónde proviene esa sensación, pero nos da la seguridad de que no debemos actuar de cierta manera.

Nuestro ser espiritual tiene un sistema de advertencia interno. Por favor, no ignore las señales de precaución.

CONFESIÓN

Padre, te agradezco por darme la capacidad de estar vigilante y orar. Me detengo, reflexiono, medito y escucho tu voz. Necesito tus advertencias y espero un nivel inusual de shamar *en mi vida. Decido a no perderlo. Hoy decido no dejarme engañar o desviar de tu camino. Decido seguir al Espíritu Santo en cada paso de mi recorrido diario. Gracias por tu dirección y protección. En el nombre de Jesús, amén.*

MI REFLEXIÓN DIARIA

¿Qué mensaje quiere darle Dios con esta promesa profética?

DÍA 12

PERCEPCIÓN INUSUAL

Para que el Dios de nuestro Señor Jesucristo, el Padre de
gloria, os dé espíritu de sabiduría y de revelación en el cono-
cimiento de Él, alumbrando los ojos de vuestro entendimiento,
para que sepáis cuál es la esperanza a que Él os ha llamado, y
cuáles las riquezas de la gloria de su herencia en los santos, y
cuál la supereminente grandeza de su poder para con nosotros
los que creemos, según la operación del poder de su fuerza.
–EFESIOS 1:17-19

DEFINICIÓN

Percepción: "Capacidad o acto de ver con claridad una situación; acto o resultado de aprehender la naturaleza interna de
las cosas o de ver intuitivamente".[1] "Capacidad de obtener
una comprensión intuitiva precisa y profunda de una persona
o cosa".[2] Entre los sinónimos, están: "Intuición, discernimiento, percepción, conciencia, comprensión, comprensión,
aprecio, penetración, perspicacia, juicio, agudeza".[3]

DEVOCIÓN

Pablo oró para que la iglesia en Éfeso recibiera una revelación inusual. Esta es una de las claves para vivir con éxito en
el Reino: escuchar, ver y conocer con claridad. Cuando usted
camina en base a esa percepción inusual, obtiene resultados

extraordinarios. Nuestro camino se vuelve más claro, las estrategias son más fuertes y nuestros pasos más sólidos.

La sabiduría, los misterios y la revelación están a su disposición como creyente nacido de nuevo. No están reservadas únicamente para aquellos que ejercen la tarea de profetas. Usted también tiene una naturaleza profética. La unción profética que tiene a su disposición le da acceso a una percepción inusual. Le permite *mirar más allá* y leer entre líneas en todas las situaciones que enfrentemos. Espere hoy recibir una percepción y revelación inusuales.

CONFESIÓN

Padre, te agradezco porque iluminas los ojos de mi ser interno. Te agradezco por darme espíritu de sabiduría y revelación. Declaro que camino con una percepción extraordinaria. En el nombre de Jesús. Amén.

MI REFLEXIÓN DIARIA

¿Qué mensaje quiere darle Dios con esta promesa profética?

....

....

....

....

DISCERNIMIENTO INUSUAL

Porque nada hay oculto, que no haya de ser manifestado;
ni escondido, que no haya de ser conocido, y de salir a luz.
—LUCAS 8:17

DEFINICIÓN

Discernir: "Detectar con otros sentidos aparte de la visión".

DEVOCIÓN

Discernimiento es la capacidad de ver más allá, el cual es un don vital para el creyente. Debemos poder ver a través de los ojos del Espíritu y determinar la voluntad de Dios en las situaciones que se nos presenten. Algunos pueden pensar que este don está reservado para pocas personas o elegidos, pero Pablo nos enseñó en 1 Corintios 12 que el discernimiento de espíritus está disponible para todos los creyentes que se dejan guiar por el Espíritu de Dios, y no solo para una pequeña élite. El discernimiento es para todos los que han nacido de nuevo.

El discernimiento de espíritus es la capacidad de ver cada espíritu que motiva a una persona o situación. Penetra en medio de lo que está pasando y llega hasta la raíz. Pero no se equivoque: los motivos son importantes. La acción correcta con el motivo equivocado puede ser muy perjudicial. Pero Dios puede revelar los motivos detrás de las acciones de alguien o en una situación. Ese discernimiento inusual es suyo cuando usted se conecta con la mente y el corazón de Dios. Y Él ha prometido que su Espíritu lo guiará.

CONFESIÓN

Padre, te agradezco por darme un discernimiento inusual. Declaro con alegría que los nueve dones del Espíritu son mi herencia y que tengo libre acceso a ellos. Decreto que el discernimiento de espíritus trabaja plenamente en mi vida. Veo y escucho correctamente. Nadie con motivos impuros podrá engañarme. Me someto y comprometo con tu voluntad. En el nombre de Jesús, amén.

MI REFLEXIÓN DIARIA

¿Qué mensaje quiere darle Dios con esta promesa profética?

ORACIÓN INUSUAL

Y les dijo: Escrito está: Mi casa, casa de oración será llamada.
—MATEO 21:13

DEFINICIÓN

Oración: "Tiempo en intimidad con el Padre".

DEVOCIÓN

Uno de los mayores deseos de Dios es que su pueblo se comunique con Él. La oración se puede describir de muchas maneras, pero en el fondo es simplemente un tiempo íntimo con el Padre. En oración se ganan batallas, se aseguran victorias y se calman las tormentas. La oración libera estrategias, atrae a los ángeles y nos revela los planes celestiales. Por eso es que la oración debe convertirse en un estilo de vida.

Vienen a su vida un deseo y dedicación inusuales a la oración. Se sentirá atraído a la presencia de Dios. Sentirá la necesidad de orar. Anhelar la presencia de Dios es el catalizador de las bendiciones que transformarán su vida. Sentirá el impulso de orar durante todo el día mientras el Padre pone en usted el deseo de su presencia.

CONFESIÓN

Padre, amo tu presencia. Decreto una unción de oración en mi vida. Declaro que me siento atraído a ese lugar secreto contigo.

En el nombre de Jesús derribo todas las distracciones en mi vida. Invoco el fuego de la oración y la pasión por tu presencia. Te agradezco Señor, por darme esa sed de buscarte y de anhelar pasar tiempo a solas contigo. Gracias por atraerme dulcemente a mi lugar de oración. En el nombre de Jesús, amén.

MI REFLEXIÓN DIARIA

¿Qué mensaje quiere darle Dios con esta promesa profética?

ANHELO INUSUAL

Dios, Dios mío eres tú; de madrugada te buscaré;
mi alma tiene sed de ti, mi carne te anhela, en
tierra seca y árida donde no hay aguas.

–SALMO 63:1

DEFINICIÓN

Anhelo: "Un fuerte deseo; necesidad ansiosa o urgente de algo específico".

DEVOCIÓN

Nuestra búsqueda es clave para acceder al reino sobrenatural, y es el anhelo lo que nos hace buscar aquello que necesitamos. Es decir, el anhelo nos da acceso al poder.

Ese anhelo inusual se convertirá en el catalizador de la búsqueda. En nuestra esencia, fuimos creados para buscar a Dios, y nuestro primer llamado es a su presencia. Lo que encontraremos en su presencia no se puede hallar en ningún otro lugar. Nuestro anhelo de Él nos conecta con todo lo que es significativo.

Los que no tienen la revelación de la presencia de Dios, considerarán que nuestra búsqueda de Él no tiene sentido; pero nosotros, que esperamos que Dios haga lo inusual, tenemos una perspectiva diferente. Con gusto nos echaremos a sus pies. Le daremos innumerables momentos para experimentar su presencia. En los momentos más difíciles, su presencia nos restablece y renueva la esperanza en nosotros. Dios está liberando un anhelo inusual de su presencia en nuestro corazón, porque el anhelo es la llave que abre las puertas para el encuentro y la victoria con Él.

CONFESIÓN

Señor, gracias por encender en mi corazón ese fervoroso anhelo de ti. Declaro que quiero tu presencia, tu gloria y tu poder en mi vida. Soy un buscador de ti y en el nombre de Jesús me niego a distraerme. Decreto que mi vida está dedicada a la oración, dedicada a la adoración y comprometida con la búsqueda de tu presencia. Gracias Señor, por hacerme despertar pensando en ti y porque me voy a la cama pensando en ti. Gracias Señor, por hacerme sentir un anhelo inusual de tu presencia. En el nombre de Jesús. Amén.

MI REFLEXIÓN DIARIA

¿Qué mensaje quiere darle Dios con esta promesa profética?

....

....

....

....

....

BÚSQUEDA INUSUAL

Y oyendo que era Jesús nazareno, comenzó a dar voces y
a decir: ¡Jesús, Hijo de David, ten misericordia de mí! Y
muchos le reprendían para que callase, pero él clamaba
mucho más: ¡Hijo de David, ten misericordia de mí!
[…]. Y Jesús le dijo: 'Ve; tu fe te ha sanado'. Inmediata-
mente recuperó la vista y comenzó a seguirlo en el camino.
–MARCOS 10:47-48, 52

DEFINICIÓN

Buscar: "Tratar de encontrar algo; pedir, solicitar; tratar de
adquirir o ganar".[1] "Tratar de encontrar o descubrir buscando
o preguntando".[2]

DEVOCIÓN

En Marcos 10, el ciego Bartimeo llamó la atención de Jesús
y recibió un milagro que cambió su vida. Su historia me
intriga porque vemos claramente que su búsqueda lo puso
en movimiento y en un momento se liberó de toda una vida
de esclavitud.

En esta historia vemos claramente el poder de buscar.
Cuando buscamos a Jesús, atravesamos los confines de la
esclavitud demoníaca y las limitaciones humanas, y entra-
mos al reino de los milagros.

Un nivel de búsqueda inusual nos hará levantarnos

temprano y quedarnos despiertos hasta tarde. El que busca, pasa incontables horas detrás de su objetivo. Si busca conocimiento, leerá libros, asistirá a conferencias y recorrerá grandes distancias de ser necesario.

Creo que Dios desea inspirar una búsqueda inusual en su vida. Él quiere despertar su corazón a las posibilidades y crear un lugar para la fe, para el hambre de su presencia, para la tenacidad y para esa búsqueda inusual.

CONFESIÓN

Padre, te agradezco por despertar el deseo de la búsqueda en mi vida. Declaro que me encanta buscar tu rostro y que soy una persona de oración, pasión y comunión. Disfruto de tu presencia y valoro pasar tiempo contigo. Espero encuentros milagrosos y logros inusuales mientras me dedico a buscarte. En el nombre de Jesús, amén.

MI REFLEXIÓN DIARIA

¿Qué mensaje quiere darle Dios con esta promesa profética?

FE INUSUAL

La fe es la confianza [la seguridad] de que en verdad
sucederá lo que esperamos; es lo que nos da la certeza de
las cosas que no podemos ver [la fe da por hecho aque-
llo que no podemos experimentar con los sentidos físicos].
—HEBREOS 11:1, NTV, CORCHETES AÑADIDOS

DEFINICIÓN

Fe: "Creer más allá de los sentidos físicos. Abraham creyó
de acuerdo a lo que Dios le dijo y no de acuerdo a cómo se
sentía (ver Ro. 4:16–21). La verdadera fe se fundamenta en la
promesa de Dios y no en lo que vemos o sentimos".

DEVOCIÓN

La fe inusual crea una vía a través de la cual podemos obtener
respuestas, resultados, soluciones y milagros inusuales. La fe
nos libera del ámbito físico y crea una vía de acceso al ámbito
espiritual. Cuando caminamos por fe, nos aferramos a las
promesas de Dios. La fe cree en Dios y le toma la palabra.
La fe reclama sin dudar sus promesas. ¡La fe lo declara! La
fe no vacila, porque agrada a Dios y también recibe de Dios.

La fe inusual genera respuestas inusuales. Escoja elimi-
nar los límites y aferrarse fuertemente a las promesas de
Dios. Tómele la Palabra a Dios, con la certeza de que si
Él lo dijo, ¡lo cumplirá! Ahogue sus dudas en las promesas

de Dios. ¡Los que caminan por fe reciben respuestas! ¡Su fe es recompensada! La fe inusual alterará para siempre su camino y definirá su vida.

CONFESIÓN

Padre, te agradezco porque camino por fe y no por vista. Creo en tus promesas y las reclamo sobre mi vida. Decreto que soy fuerte y no débil. Decreto que tengo salud y plenitud. Decreto que me apoyo en tu palabra sin titubear. Soy tu hijo, y todas tus promesas para mí son "sí, y amén". ¡Hablo a las montañas y se mueven! Declaro las respuestas sobre los problemas. Soy una persona de fe. Mi fe está viva y activa, y ahora recibo bendiciones y victorias en el nombre de Jesús. Amén.

MI REFLEXIÓN DIARIA

¿Qué mensaje quiere darle Dios con esta promesa profética?

ADORACIÓN INUSUAL

Todas las naciones que hiciste vendrán y adorarán delante de ti, Señor, y glorificarán tu Nombre. Porque tú eres grande, y hacedor de maravillas; solo tú eres Dios.

—SALMO 86:9-10

DEFINICIÓN

Adoración: La palabra hebrea traducida como «adoración» en el Salmo 86:9 es *shajá*. Algunos de sus significados son "postrarse, inclinarse y rendir homenaje".[1] Por lo tanto, la adoración es una reverencia santa o postrarse delante de un Dios santo. En esencia, es una expresión de agradecimiento, adoración, devoción y honor.

DEVOCIÓN

Todos los seres humanos fueron creados para adorar a Dios. La presencia íntima de Dios nos lleva de regreso a esa intimidad que Él quiso tener con nosotros cuando creó a la humanidad. Su presencia es curativa, tierna y poderosa. Nacimos para su presencia y en ella encontramos paz y tranquilidad. En su presencia hay consuelo, victoria y desarrollo.

Debemos elegir rendirnos a Dios a través de la adoración cada día. La adoración inusual puede llevarlo a alcanzar niveles más altos de gloria y poder. La adoración inusual hace que tanto individuos como grupos alcancen niveles inusuales de intimidad con Dios.

CONFESIÓN

Gracias Señor, porque soy un adorador. Confieso que amo tu presencia, me encanta estar en presencia de tu gloria. Me encanta estar a tus pies y ungirte con mi adoración. Te amo, padre. Fui hecho para tu gloria. Mi corazón te anhela y diariamente busco tu rostro. Soy un buscador de tu presencia enamorado de ti, Señor.

MI REFLEXIÓN DIARIA

¿Qué mensaje quiere darle Dios con esta promesa profética?

....

....

....

....

....

....

....

ALABANZA INUSUAL

Cada día te bendeciré, y alabaré tu nombre
eternamente y para siempre.
—SALMO 145:2

DEFINICIÓN

Alabanza: "Ofrenda de agradecido homenaje a Dios, ya sea a través de palabras o de una canción. Si observamos algunas de las palabras hebreas que se traducen como *alabanza*, notaremos que se habla de una imagen vívida.[1] La más común es *halal*, que significa 'hacer un espectáculo, alardear; ser [o clamar como] tonto; delirar'.[2] *Yadá*, que significa venerar o adorar con las manos extendidas.[3] *Barak*, que significa bendecir.[4] *Tĕhillá*, que se refiere a una 'canción o himno de alabanza'.[5] *Zamar*, que se refiere a tocar un instrumento y alabar a Dios con música y con un corazón de agradecimiento,[7] y *shabaj*, que significa alabar a Dios en voz alta.[8]

DEVOCIÓN

¡La alabanza es un arma! Alabar es elevar. Cuando alabamos a Dios, lo elevamos por encima de todo. Recordamos su bondad y lo elevamos por sobre cada batalla y lucha. Alabar es contrarrestar la oposición y fijar los ojos intencionalmente en Jesús y en su gloria. Por eso es que es una disciplina tan característica y poderosa de los hijos de Dios.

Este tipo de alabanza inusual establece el tono para una vida de victoria. Implica hacer ruido, levantar las manos y agradecer deliberadamente a Dios por lo que es y por todo lo que ha hecho. La alabanza inusual no se molesta por las opiniones del hombre y no tiene miedo de parecer tonta. De hecho, los que alaban son tontos a los ojos de quienes confían en sus propios medios para actuar.

El que alaba se concentra en Dios; Él es el principal. La alabanza aleja la oscuridad, derriba muros y libera gran gloria, pues invoca el poder transformador de Dios.

CONFESIÓN

Gracias Señor, por hacerme un adorador. Decreto que estoy llevando mi alabanza a un nivel superior. Te alabaré con todo mi ser, aunque a los demás les parezca tontería. Me acerco sinceramente a tu presencia, sin vergüenza ni miedo. Declaro que eres grande y digno de alabanza. Es un honor pasar tiempo contigo y amarte, Padre. Gracias por poder alabarte de manera inusual. En el nombre de Jesús, amén.

MI REFLEXIÓN DIARIA

¿Qué mensaje quiere darle Dios con esta promesa profética?

AUTORIDAD INUSUAL

Y se admiraban de su doctrina; porque les enseñaba
como quien tiene autoridad, y no como los escribas.
—MARCOS 1:22

DEFINICIÓN

Autoridad: La palabra griega traducida como *autoridad* en
Marcos 1:22 es *exousia*. Además de referirse a la influencia
moral, la palabra *exousia* denota poder y se asocia con tener
jurisdicción o dominio sobre un área determinada, así como
un derecho o habilidad.[1]

DEVOCIÓN

Jesús enseñaba con gran autoridad y así mismo echaba
demonios. La multitud religiosa de esa época, no estaba
acostumbrada a esos episodios de liberación sobrenaturales.
No sabían cómo recibir el nivel de autoridad con el que Jesús
les hablaba. Su ministerio rompía ataduras y desbloqueaba el
poder asombroso del Reino. ¡Y ese mismo poder está disponible para nosotros hoy como hijos de Dios!

Este despliegue de autoridad inusual rompe cadenas, libera sanidad y aniquila los poderes de la oscuridad.
Cuando esta autoridad inusual se combina con la fe, mueve
montañas y calma tormentas.

La autoridad del cielo legisla y rige toda la fuerza del

reino. Medite en esta verdad y permita que se active en su vida. Dios desea llevarlo a dimensiones de autoridad que desaten resultados explosivos y sobrenaturales.

CONFESIÓN

Padre, te agradezco porque estoy sentado contigo en los lugares celestiales. Gracias por darme autoridad sobre demonios, enfermedades y todas las obras del infierno. Decreto que actúo con autoridad inusual. Decreto que soy tu embajador, autorizado y comisionado por ti. Me muevo en tu poder y autoridad legal, en el nombre de Jesús. Amén.

MI REFLEXIÓN DIARIA

¿Qué mensaje quiere darle Dios con esta promesa profética?

RESISTENCIA INUSUAL

No nos cansemos, pues, de hacer bien; porque a
su tiempo segaremos, si no desmayamos.
—GÁLATAS 6:9

DEFINICIÓN

Aguante: "Capacidad de resistir". Entre sus sinónimos están: "Fortaleza, fuerza, energía, dureza, determinación, tenacidad, perseverancia".[1] Los que tienen aguante, rara vez renuncian. Avanzan hasta culminar la carrera sin importar los obstáculos. Son perseverantes.

DEVOCIÓN

Gálatas 6:9 contiene una poderosa imagen profética. ¡Cosechamos según las semillas que sembramos, las oraciones que hacemos y el trabajo para el reino que realizamos! Esa es la promesa de Dios.

Entonces, ¿cuál es el papel del enemigo en esta ecuación? Él quiere acosarlo, atacarlo y desgastarlo. Quiere hacerle tirar la toalla antes de que llegue la cosecha. ¡El enemigo está determinado a hacerlo y tiene la vista puesta en usted! La confusión, las mentiras y la pesadez que lo agobian, tienen un objetivo claro: hacerlo desistir antes de alcanzar el objetivo. Él conoce bien a los enemigos de su éxito.

Pero para mantenerse firme en medio de la oposición,

usted debe tener aguante espiritual, emocional y mental. Debe tener la capacidad de mantenerse y resistir. Para ganar, los boxeadores no solo deben comenzar bien, sino también permanecer en el cuadrilátero, mantener el ritmo y moverse de manera estratégica. ¡Tienen que vencer al enemigo!

Esta es una ilustración de lo que debemos hacer como creyentes. Decreto que Dios le da hoy la capacidad de aguante. Él le protegerá y le permitirá ver cumplidas sus refrescantes promesas. Dios está preparando grandes logros para usted. ¿Aguantará o renunciará?

CONFESIÓN

Decreto fuerza espiritual y poder en mi vida. Decreto que no estoy cansado, sino que me renuevo a diario. Decreto que tengo aguante espiritual y que no renunciaré. Decreto que me muevo de gloria en gloria en el nombre de Jesús. Declaro que soy fuerte y dejo la debilidad atrás. Gracias Señor, por tu presencia y tu gloria en mi vida. En el nombre de Jesús, amén.

MI REFLEXIÓN DIARIA

¿Qué mensaje quiere darle Dios con esta promesa profética?

....

....

....

....

ATMÓSFERAS INUSUALES

Y se burlaban de Él. Mas Él, echando fuera a todos, tomó al padre y a la madre de la niña, y a los que estaban con Él, y entró donde estaba la niña. Y tomando la mano de la niña, le dijo: Talita cumi; *que traducido es: 'Niña, a ti te digo, levántate'. Y luego la niña se levantó y andaba, pues tenía doce años. Y se espantaron grandemente.*

—MARCOS 5:40-42

DEFINICIÓN

Atmósfera: "Estado de ánimo, ambiente o influencia circundante o extendido".[1] ¡La atmósfera tiene el poder de cambiar vidas! Una atmósfera negativa genera contaminación de pensamientos y emociones, pero una atmósfera de gloria hace que las personas se levanten (ver Isaías 60:1).

DEVOCIÓN

En medio de la atmósfera correcta, los milagros brotan como un volcán en erupción. Cuando Jesús entró a la casa de Jairo para resucitar a su hija, cambió la atmósfera al echar a todas las plañideras. Sabía que su llanto era tóxico para la fe de los padres, así que escogió estratégicamente a los que irían con él.

El ambiente es importante. Un día, el Señor me habló y me dijo: "Espera reuniones inusuales, juntas inusuales y servicios de oración inusuales". Y yo ahora declaro que vendrán dimensiones inusuales de la gloria de Dios y harán maravillas en su vida. Muéstrese sensible a esta cita divina y prepárese para la gloria de Dios, y para su poder milagroso creando una atmósfera inusual de alabanza, de oración, de adoración y de hambre de su presencia en su hogar y su familia. Proteja la atmósfera a su alrededor. Manténgala limpia y protegida para que experimente una nueva dimensión del poder de Dios.

CONFESIÓN

Gracias Señor, por darme el deseo y la capacidad de crear atmósferas poderosas de para alcanzar grandes logros en mi vida. En el nombre de Jesús, decreto que tu Espíritu me guía para cumplir tu voluntad en mi vida. Declaro que moro en tu gloria y que amo tu presencia. Me atraen las reuniones donde está presente tu gloria. Me atraen los lugares donde permanece tu presencia. Amo y busco tu presencia en el nombre de Jesús, amén.

MI REFLEXIÓN DIARIA

¿Qué mensaje quiere darle Dios con esta promesa profética?

LIMPIEZA INUSUAL

*Crea en mí, oh Dios, un corazón limpio, y
renueva un espíritu recto dentro de mí.*
—Salmo 51:10

DEFINICIÓN

Limpiar: En el sentido bíblico, "limpiar" significa purificar, lavar, renovar. A menudo se usa en lugar de las palabras *purgar* o *purificar*, que tienen la misma raíz y significado de la palabra limpiar. No se sorprenda cuando el cielo se presente para limpiar su vida, eliminando los motivos, pensamientos e incluso las relaciones equivocadas de su vida.

DEVOCIÓN

A medida que usted vaya entrando en el ámbito de lo sobrenatural y lo inusual, ¡habrá limpieza! Muchas veces en mi vida, cuando Dios me ha motivado a actuar radicalmente, ocurre una limpieza sobrenatural en mi vida. La limpieza no siempre es agradable, pero es necesaria para responder a nuestras oraciones. Asuma el proceso y no lo sobrelleve de mala manera. Simplemente diga: "Señor, me rindo a ti, me entrego a tu voluntad, tus planes y deseos. Pongo mi vida en tus manos y confío en ti".

Declaro una limpieza inusual en su corazón, en su unción, en su llamado y en sus relaciones. Libero el fuego de Dios para quemar la maleza que pueda estarle impidiendo alcanzar un mayor nivel de gloria. Este fuego purificador cubrirá su vida y lo guiará hacia las grandes puertas por las que el Padre desea que entre. Le invito a cooperar con la agenda del cielo y gozar de una paz inusual durante el proceso.

CONFESIÓN

¡Te entrego todo a ti, Padre! Tú eres mi todo. Busca en mi corazón, Señor, y purifícame. Purifica mis motivos, mi mente y mi vida. Me entrego totalmente a ti. Regreso a ese lugar donde me rindo por completo a tu presencia y tu gloria. Tú eres mi Padre y yo soy tu hijo. ¡Límpiame, Señor! Quiero todo lo que tienes para mí. En el nombre de Jesús, amén.

MI REFLEXIÓN DIARIA

¿Qué mensaje quiere darle Dios con esta promesa profética?

DÍA 24

GRACIA INUSUAL

*Y me ha dicho: Bástate mi gracia; porque mi
poder se perfecciona en la debilidad. Por tanto, de
buena gana me gloriaré más bien en mis debilida-
des, para que repose sobre mí el poder de Cristo.*

—2 CORINTIOS 12:9

DEFINICIÓN

Gracia: La palabra gracia tiene diversas definiciones y significados: es un favor inmerecido. Es la bondad de Dios hacia
todos los que no tenemos derecho a reclamar o ninguna
razón para esperar el favor divino. La gracia es amor, es
perdón, es todo lo que Jesús pagó por nosotros.

DEVOCIÓN

En 2 Corintios 12, Pablo reflexiona sobre su vida y entiende
que todo lo que necesitaba lo tenía en la obra total y completa
de Jesús en la cruz. Entiende que en la gracia de Dios se
completó su llamado y se aseguró su identidad. La gracia hizo
que Jesús muriera por él cuando aún era un pecador. La gracia
lo detuvo en el camino a Damasco y lo llevó a la fe y a la justicia de Dios en Cristo Jesús. La gracia lo compró y lo liberó.

La gracia inusual le hará ser en gran medida misericor-
dioso y perdonador. ¡Un corazón que está plantado en la
gracia es libre! Deja de preocuparse por su protección, se

libera de luchas, es libre de tormento, libre de todo miedo. Dios quiere liberar su revelación de gracia inusual en su vida y utilizarlo como conducto para llevarla a los demás. La revelación de su gracia lo liberará totalmente de la esclavitud.

CONFESIÓN

Gracias Señor, por tu asombrosa gracia. Recibo tu gracia en mi vida y confieso que camino en amor y en gracia hacia los demás. Te agradezco Padre, por la revelación de tu bondad en mi vida. ¡Te agradezco por la mentalidad determinada que colocas en mí, que me permite ser libre para elevarme, para soñar, para amar y para ser! Decreto que soy libre, que en verdad soy libre por tu gracia. En el nombre de Jesús, amén.

MI REFLEXIÓN DIARIA

¿Qué mensaje quiere darle Dios con esta promesa profética?

COMPASIÓN INUSUAL

Entonces Jesús, compadecido, les tocó los ojos, y en
seguida recibieron la vista; y le siguieron.
—MATEO 20:34

DEFINICIÓN

Compasión: "Reconocer el sufrimiento de los demás y sentirse motivado actuar para ayudar. Es la que alimenta los actos de bondad y misericordia. El amor es lo que motiva cada acto de compasión. Recordemos que "Dios es amor" (ver 1 Juan 4:8).

DEVOCIÓN

En Mateo 20, Jesús salía de Jericó y una gran multitud lo seguía: "Y dos ciegos que estaban sentados junto al camino, cuando oyeron que Jesús pasaba, clamaron, diciendo: Señor, Hijo de David, ¡ten misericordia de nosotros!" (v. 30). La reacción de Jesús fue de bondad y preocupación por la difícil situación de estos ciegos. Reaccionó movido por la compasión y produjo una manifestación del poder de Dios.

La compasión es una herramienta poderosa del ministerio de curación. Cuando sentimos el dolor de los demás y nos compadecemos de ellos, descubrimos un aspecto del carácter de Dios. El enemigo intentará endurecernos para que nos neguemos a sentirnos o a ser compasivos, pero esa no es la voluntad de Dios. No debemos ser insensibles, sino compasivos y vulnerables.

Esta compasión inusual será la puerta de entrada a tareas de oración, tareas proféticas y milagros. Permita que el Señor actúe en su corazón y que le haga sentir compasión por los demás. Esto desatará un sinnúmero de milagros.

CONFESIÓN

Padre, gracias por sensibilizarme a los demás, incluyendo tus necesidades y deseos. Gracias por hacer que me conmueva y sea compasivo ante las necesidades, el dolor o los problemas de los demás. Te agradezco por hacer que mi corazón sea sensible delante de ti. En el nombre de Jesús. Amén.

MI REFLEXIÓN DIARIA

¿Qué mensaje quiere darle Dios con esta promesa profética?

RESTAURACIÓN INUSUAL

En vez de su vergüenza, mi pueblo recibirá doble porción;
en vez de deshonra, se regocijará en su herencia; y así en
su tierra recibirá doble herencia, y su alegría será eterna.
–Isaías 61:7, NVI

DEFINICIÓN

Restaurar: "Recuperar (un derecho perdido, una práctica, una costumbre o una situación); restablecer; devolver (a alguien o algo) a cierto estado, lugar o posición previa; reparar o renovar, devolver a su estado original".[1]

DEVOCIÓN

¡Dios desea traer a su vida un nivel de restauración inusual! Él quiere mostrarle su mano poderosa. El enemigo hará todo lo posible por derribarle, pero Dios tiene buenos planes para usted. Él desea restaurar promesas. Desea restaurar ministerios. Desea restaurar finanzas. Desea restaurar la salud. Desea restaurar relaciones. Dios es el Restaurador y la promesa que nos dejó en Isaías, habla de una restauración absoluta. Dios sabe cómo llevar a cabo megarestauraciones.

¡Confíe en Dios y reciba una restauración inusual! Él sabe cómo alinear todo según su plan. Dé gracias y alábelo. Crea en su restauración. Crea que cada aspecto de su vida que ha tocado el enemigo se transformará. Combata al diablo con la Palabra del Señor. ¡Vaya con todo!

CONFESIÓN

Gracias, Señor, por restaurarme. Gracias, por traer restauración absoluta a mi vida. Gracias, por traer rehabilitación y fuerza sobrenaturales. Gracias, por dispersar a mis enemigos y hacer florecer mi vida. Me aferro a tu restauración inusual, en el nombre de Jesús, amén.

MI REFLEXIÓN DIARIA

¿Qué mensaje quiere darle Dios con esta promesa profética?

SANACIÓN INUSUAL

Envió su palabra, y los sanó, y los libró de su ruina.
—Salmo 107:20

DEFINICIÓN

Sanación: "Volver a estar bien: restauración de la salud; recuperar la pureza o la integridad original". La voluntad de Dios es que tengamos siempre salud espiritual, física y del alma.

DEVOCIÓN

Jesús vino para traernos sanidad en todos los aspectos. Su sacrificio en la cruz trajo sanidad mental, física y espiritual. Él pagó el precio completo con su sangre, y por sus heridas fuimos nosotros sanados (ver 1 Pedro 2:24). La Biblia nos dice que Jesús es el mismo ayer, hoy y siempre.

El ministerio de Jesús en la tierra es la teología perfecta. Por lo tanto, cualquier cosa que veamos a Jesús hacer en la Biblia debería establecer un patrón para lo que deberíamos hacer nosotros como sus seguidores. Dondequiera que Él iba, sanaba. Si la enfermedad y la derrota provinieran de Dios, entonces Jesús era un rebelde, porque la Biblia nos dice que Él nació "para deshacer las obras del diablo" (ver 1 Juan 3:8). Este fue uno de sus mandatos.

Todo padecimiento y enfermedad es del diablo. El

diablo quiere enfermarlo, debilitarlo y vencerlo. Pero Dios quiere traer niveles inusuales de sanación y milagros a su vida. Medite en esto. Vea videos y escuche enseñanzas que inspiren su fe en este sentido. Haga oraciones largas, decididas y atrevidas. En lugar de pensar en todo aquello que lo enferma, ¡declare sanidad! Comience a exigir el ministerio de curación de Jesús en cada aspecto de su vida y vea cómo fluye el poder de Dios.

CONFESIÓN

Gracias Señor, por manifestar tu poder sanador en mi vida. Gracias por traer sanidad en cada aspecto de mi vida. Creo que pagaste el precio necesario para mi recuperación. En el nombre de Jesús, recibo tu ministerio de sanidad, amén.

MI REFLEXIÓN DIARIA

¿Qué mensaje quiere darle Dios con esta promesa profética?

DÍA 28

DETERMINACIÓN INUSUAL

Y dijo el Señor: Oíd lo que dijo el juez injusto. ¿Y acaso Dios no hará justicia a sus escogidos, que claman a él día y noche? ¿Se tardará en responderles? Os digo que pronto les hará justicia. Pero cuando venga el Hijo del Hombre, ¿hallará fe en la tierra?

—SALMO 18:6-8

DEFINICIÓN

Determinar: "La palabra griega que a menudo se traduce como *determinar,* es *krinō*, que significa resolver o decidir.[1] Al igual que la palabra aguante, la determinación denota fortaleza, impulso o tenacidad".

DEVOCIÓN

En Lucas 18, Jesús enseña a sus discípulos sobre la oración. Allí, nos da la ilustración de una viuda que continuamente suplicaba a un juez injusto. La mujer estaba decidida a que su caso fuera escuchado y se hiciera justicia, y se negaba a rendirse. A pesar de las probabilidades que se acumulaban contra ella, continuó suplicando ante el juez injusto una y otra vez.

Finalmente, el juez pensó: "Aunque ni temo a Dios, ni tengo respeto a hombre, sin embargo, porque esta viuda me es molesta, le haré justicia, no sea que viniendo de continuo, me agote la paciencia" (vv. 4–5). La historia nos muestra claramente la persistencia de esta mujer. Jesús terminó la historia atándola a la fe.

La tenacidad y la determinación son atributos de la fe. La fe entra en el espíritu cuando escucha claramente la voz de Dios. Y la fe de la mano de la determinación, harán que usted se niegue a aceptar un no como respuesta. Lo impulsarán a tomar medidas inusuales y a actuar de manera extremadamente inusual. La determinación lo impulsará a buscar más y más.

Dios desea hoy desbloquear la fe en su vida y liberar una determinación inusual. En cuanto profundice en la voluntad y el plan de Dios para su vida, usted se aferrará más y más a Él, y se negará a cederle un solo espacio de terreno al diablo. Se mantendrá valiente y firme en las promesas de Dios, ¡con determinación!

CONFESIÓN

Gracias Señor, por poner una determinación inusual en mi vida. Decreto que no renunciaré, que no me daré por vencido ni cederé, sino que me mantendré firme en tus promesas de manera decidida y determinada. Gracias Señor, por hacerme una persona con una fe inusual. En el nombre de Jesús, amén.

MI REFLEXIÓN DIARIA

¿Qué mensaje quiere darle Dios con esta promesa profética?

EXPECTATIVAS INUSUALES

No tenga tu corazón envidia de los pecadores [que viven de manera impía y no tienen esperanza de salvación], antes persevera en el temor [reverente, adorador] de Jehová todo el tiempo; porque ciertamente hay fin [y una recompensa], y tu esperanza no será cortada. Oye, hijo mío, y sé sabio, y endereza tu corazón al camino [del Señor]
—PROVERBIOS 23:17-19, CORCHETES AÑADIDOS

DEFINICIÓN

Expectativa: "Considerar probable o cierto; anticipar o esperar la llegada o ocurrencia de algo". Entre sus sinónimos, se encuentran: esperanza y esperar.[1] La expectativa es el rasgo de la fe que se aferra a la promesa.

DEVOCIÓN

Tener expectativas inusuales es la plataforma para que ocurran milagros y logros sorprendentes. Nuestras expectativas crean esa atmósfera ideal en la que esperamos que Dios actúe. Cuando usted está a la expectativa, está en espera de lo sobrenatural, ¡y su corazón se estremece porque sabe que algo está por ocurrir! Está abriendo la puerta al ámbito de lo milagroso.

Dios desea eliminar la decepción de su corazón y liberar un nivel de expectativa inusual. Quiere que usted se levante a observar, esperar y ver lo que va a suceder. Dios quiere que usted se pregunte: "¿Y ahora qué viene?". No hay un momento más poderoso que ese. Hoy usted está literalmente a punto de ver una gran intervención de parte de Dios. Permítale que su corazón se eleve a los niveles más altos del reino de las posibilidades y de los sueños.

CONFESIÓN

¡Te agradezco Señor, porque estoy lleno de expectativas! Me niego a vivir paralizado por el miedo y la duda. Me niego a vivir preguntándome y vacilando. Elijo creerte, Padre. Creo en tus promesas, en tus planes y en los sueños que tienes para mí. Creo en tu poder y en tus milagros. Libero mi corazón, para que, en el nombre de Jesús, se llene de expectativas. Amén.

MI REFLEXIÓN DIARIA

¿Qué mensaje quiere darle Dios con esta promesa profética?

PAZ INUSUAL

Tú guardarás en completa paz a aquel cuyo pensamiento
en ti persevera; porque en ti ha confiado.

—ISAÍAS 26:3

DEFINICIÓN

Paz: "La palabra hebrea que se traduce como *paz*, es *shalom*, que proviene de la raíz *shalam*, que puede significar estar completos o alcanzar plenitud".[1]

DEVOCIÓN

Ese ámbito de paz inusual está disponible para usted. Cuando elige morar en Jesús, su paz lo cubre y lo abriga.

Dios ha dicho que permanecemos en su paz si mantenemos nuestra mente fija en Él. Y si nos mantenemos aferrados a sus promesas, abortaremos los planes atormentadores del infierno y viviremos con una tranquilidad inusual. Esta no es una promesa para algunos creyentes selectos, sino para cada uno de sus hijos. En aquel episodio bíblico cuando Jesús dormía en el bote mientras una tormenta azotaba la barca en la que se encontraban (ver Mateo 8:23–27), Jesús dormía tranquilo porque conocía a su Padre. Conocer al Padre en un nivel íntimo hace que una paz completa se adueñe de nuestro corazón.

¡La *shalom* de Dios es la integridad y plenitud divinas en

cada aspecto de su vida! Dios la consumó. Dios la planeó. Él pagó el precio para que usted pudiera alcanzar plenitud en todos los sentidos. Y ahora puede disfrutar de esa paz que viene como resultado de saber quién es Dios y de elegir permanecer en esa verdad. En ella, encontrará un descanso inusual que otros no podrán entender. Esta paz le permitirá atravesar las tormentas sin tambalear y sin sentir temor.

CONFESIÓN

Padre, te agradezco por tu perfecta y completa paz. Declaro que no me hacen tambalear ni sentir temor las tormentas o la adversidad. Declaro que estoy plantado y establecido en tu paz. ¡Declaro que todas tus promesas para mi vida son "sí, y amén"!

MI REFLEXIÓN DIARIA

¿Qué mensaje quiere darle Dios con esta promesa profética?

GLORIA INUSUAL

El entonces dijo: Te ruego que me muestres tu gloria.
—ÉXODO 33:18

DEFINICIÓN

Gloria: "La palabra traducida como *gloria* en Éxodo 33:18 es *kabowd*, que también puede ser traducida como honra, glorioso, abundancia, riqueza, esplendor, dignidad, fama y reverencia".[1]

DEVOCIÓN

La gloria de Dios es la manifestación de su Persona. Su gloria se siente cuando Él está en el lugar. Él nos creó para estar en su presencia. Moisés tenía un hambre inusual de la presencia y la gloria de Dios, al punto de que anhelaba ver al Señor y Dios en su bondad le permitió ver sus espaldas al pasar delante de él. Creo que Dios está liberando un hambre inusual en su espíritu para que usted vea, experimente y disfrute su gloria.

El ámbito de la gloria inusual desata milagros y logros inusuales. Hoy es un día para clamar medidas inusuales de la gloria de Dios. Es un día para buscar, procurar y reclamar el ámbito de la gloria. El ámbito de la gloria lo elevará. El ámbito de la gloria lo protegerá. El ámbito de la gloria dará lugar a la revelación en su vida. El ámbito de la gloria lo renovará.

Dios tiene preparados para usted niveles inusuales de su gloria. ¡Crea en la gloria! ¡Espere la gloria! ¡Clame por ella!

CONFESIÓN

Señor, quiero ver y experimentar tu gloria. Tengo hambre de tu gloria. Decreto que soy un portador de tu gloria. Yo me muevo y actúo en tu gloria. Llevo tu gloria. Libero tu gloria en la tierra. ¡Amo la gloria! La gloria es mi porción, en el nombre de Jesús. Amén.

MI REFLEXIÓN DIARIA

¿Qué mensaje quiere darle Dios con esta promesa profética?

PALABRAS PROFÉTICAS INUSUALES

*Porque, ¿quién estuvo en el secreto de
Jehová, y vio, y oyó su palabra?
¿Quién estuvo atento a su palabra, y la oyó?*
—JEREMÍAS 23:18

DEFINICIÓN

Profeta: según el *Smith's Bible Dictionary*: "La palabra hebrea común para profeta es *nabi*, que se deriva de un verbo que significa *brotar* como una fuente; por lo tanto, la palabra profeta significa alguien que anuncia o derrama las declaraciones de Dios. La palabra profeta viene del griego *profetes*, que en griego clásico significa alguien que habla por otro, especialmente alguien que habla por un dios, y así interpreta su voluntad al hombre; por lo tanto, su significado esencial es *un intérprete*".[1]

DEVOCIÓN

La unción profética desbloquea y revela los pensamientos de Dios, liberando su sabiduría y su discernimiento. Los profetas y las personas proféticas están llamados a administrar los pensamientos de Dios, a traducir la intención, la voluntad y los deseos del Señor.

Las palabras proféticas generalmente requieren acción y

obediencia, y pueden causar un cambio sísmico en su vida. También pueden abortar los ataques del enemigo y llevar su vida a un nuevo nivel.

Vendrán palabras proféticas inusuales a su vida que lo desafiarán, lo refinarán y requerirán de su obediencia. Una palabra puede producir un cambio de rumbo en su vida. Crea que recibirá una visión inusual, revelaciones, decretos proféticos y articulación sobre su vida. Crea que la voz de Dios lo iluminará hasta llevarlo a otro nivel.

CONFESIÓN

Gracias Señor, por las palabras proféticas inusuales. Te agradezco porque estoy abierto a encuentros, sueños, visiones, misterios e ideas inusuales. Invoco tu mente y tus consejos en mi vida, y elimino todos los límites que puedan existir. Decreto que soy obediente a tu voz y que haré lo que me pidas. No estoy estancado, sino que avanzo bajo la dirección del cielo. En el nombre de Jesús. Amén.

MI REFLEXIÓN DIARIA

¿Qué mensaje quiere darle Dios con esta promesa profética?

INSTRUCCIONES INUSUALES

Entonces descendió, y se zambulló siete veces en el Jordán,
conforme a la palabra del varón de Dios; y su carne
se volvió como la carne de un niño, y quedó limpio.
–2 REYES 5:14

DEFINICIÓN

Instrucción: "Esquema o manual de procedimiento técnico;
una explicación que debe ser seguida".

DEVOCIÓN

Naamán era un líder que tenía lepra y quería curarse, así que
llamó a un profeta que le dio unas instrucciones bastante
complicadas: le pidió que se sumergiera en un río sucio siete
veces. Seguramente, Naamán se preguntó: ¿Por qué el profeta
no impuso simplemente sus manos sobre mí y me sanó? ¿Por
qué simplemente no decretó sanidad? ¿Por qué me pide que
exponga mi lepra a los ojos de todos al meterme en aquellas
aguas fangosas?

Estos son los tipos de preguntas que surgen en la mente
humana cuando Dios da instrucciones inusuales. Pero si
obedecemos sus mandatos, ¡estamos a un paso de obtener lo
que esperamos! Dios está buscando rendición y obediencia.
Cuando Naamán hizo lo que el profeta le pidió, fue sanado

al instante y milagrosamente. Dios tiene planes maravillosos para su vida, pero le pedirá que siga instrucciones inusuales.

No desoiga la voz de Dios solo porque sus instrucciones suenen desafiantes. Dios está esperando su obediencia para hacer un milagro.

CONFESIÓN

Decreto que escucho, recibo y obedezco instrucciones inusuales. No estoy atado a mi comprensión humana solamente. Soy radicalmente obediente y avanzo en los asuntos de tu Espíritu, Señor. Me someto a ti hoy, y te seguiré en el nombre de Jesús. Amén.

MI REFLEXIÓN DIARIA

¿Qué mensaje quiere darle Dios con esta promesa profética?

PUERTAS ABIERTAS INUSUALES

Se me ha abierto puerta grande y eficaz, y muchos son los adversarios.

—1 CORINTIOS 16:9

DEFINICIÓN

Puerta: "Barrera generalmente oscilante o deslizante con la cual una entrada se cierra y se abre; objeto similar que forma parte de un mueble; un medio de acceso o participación".

DEVOCIÓN

Una puerta es un punto de acceso. Con frecuencia oramos solicitando nuevas etapas, tareas y estrategias, pero en ocasiones no logramos discernir los puntos de acceso a ellas. Es clave que veamos las puertas y nos mantengamos dentro de lo que Dios tiene para nosotros.

Necesitamos orar para que se abran las puertas correctas, y declarar que se abrirán puertas inusuales de favor, oportunidad y asignaciones. Necesitamos declarar que se abrirán las puertas adecuadas, las que conducen a los destinos esperados.

Dios lo colocará delante de grandes puertas que llevan hacia los niveles más altos de funcionalidad en el Reino. Con esto, le está refinando y preparando para el gran destino que tiene preparado para su vida. Él usará estas puertas para liberar los planes y propósitos que ha ordenado para usted.

Dios tiene puertas impresionantes para usted. Y no solo lo atraerá hacia esas puertas, sino que irá delante de usted para abrirlas, para que siempre esté ante puertas abiertas.

CONFESIÓN

Gracias Señor, por abrir las puertas correctas en mi vida. Espero que puertas inusuales se abrirán frente a mí. Declaro que se abrirán puertas de oportunidad inusuales en mi vida. Declaro que se abrirán puertas inusuales de bendición. En el nombre de Jesús, reclamo tus puertas abiertas en mi vida. Amén.

MI REFLEXIÓN DIARIA

¿Qué mensaje quiere darle Dios con esta promesa profética?

....

....

....

....

....

....

PUERTAS CERRADAS INUSUALES

Escribe al ángel de la iglesia en Filadelfia: Esto dice el Santo, el Verdadero, el que tiene la llave de David, el que abre y ninguno cierra, y cierra y ninguno abre.

—APOCALIPSIS 3:7

DEFINICIÓN

Cerrar: "Impedir el paso a través de algo; bloquear una entrada o pasaje; negar el acceso a algo o algo o alguien; suspender o detener las operaciones de alguna cosa".

DEVOCIÓN

Cuando nos sometemos al Señor, le permitimos que esté a cargo de cada aspecto de nuestra vida. Estamos renunciando a todo control. Debemos confiar en Dios, en su respuesta a nuestras oraciones, sean sí o sean no. Dios no solo tiene poder para hacer que se abran puertas inusuales, sino también para cerrar puertas. Cuando avanzamos en los propósitos de Dios para nuestra vida, Él cerrará algunas puertas inusuales como manifestación de su protección.

Algunos ciclos se cerrarán repentinamente. Relaciones terminarán inesperadamente. Algunas tareas se completarán de repente, y todo forma parte del plan de Dios. Aunque parezcan negativas, son actos de protección y bendición de

Dios para nuestra vida. No veamos las puertas que se cierran como un castigo, sino como respuestas a las oraciones.

CONFESIÓN

Dios, confío en ti para cada tarea, relación y temporada de mi vida. Me niego a guiarme y protegerme a mí mismo. Soy dependiente de ti. Te necesito. Necesito tu plan para mi vida. Te agradezco por cerrar puertas inusuales. Abre las puertas correctas y cierra las puertas incorrectas en mi vida. En el nombre de Jesús, amén.

MI REFLEXIÓN DIARIA

¿Qué mensaje quiere darle Dios con esta promesa profética?

_____

_____

_____

_____

_____

_____

_____

ACCESO INUSUAL

En quien tenemos seguridad y acceso con
confianza por medio de la fe en Él.
—EFESIOS 3:12

DEFINICIÓN

Acceso: "Permiso, libertad o capacidad de entrar, acercarse o pasar de un lugar a otro, o de acercarse o comunicarse con una persona o cosa; libertad o capacidad de obtener o hacer uso de algo; forma o medios para entrar o acercarse; acto o instancia de acceder a algo".

DEVOCIÓN

Dios nos ha dado un acceso inusual a sus planes, su voluntad, su amor y su gloria. Usted no es ajeno a sus planes, porque ha sido llamado a vivir en Él y a caminar en Él. Dios nos otorga acceso a cada don, a cada bendición y a cada manto necesario para llevar a cabo la obra. Tome su lugar y tenga confianza en la libertad que se le ha otorgado.

Tener acceso es la capacidad de acercarse y moverse libremente de un lugar a otro, o de obtener o hacer uso de algo. Nada está bloqueado en el Reino para los hijos de Dios. Medite hoy en el acceso que se le ha otorgado. Usted logrará actuar con un poder inusual cuando reciba revelación del acceso inusual que ya le pertenece. ¡Considérelo suyo!

CONFESIÓN

Padre, te doy gracias porque no me has retenido nada de lo que es bueno. ¡Hiciste y abriste un camino para mí! Proporcionaste un acceso para cada plan y propósito que tienes para mi vida. Tu acceso es mío y hoy asumo mi lugar como tu hijo. Ato el miedo, la vergüenza y la condena que intentan bloquear el acceso. Vengo libremente a tu presencia y a tu gloria. Te agradezco por el acceso que me pertenece, porque estoy plantado en ti. En el nombre de Jesús, amén.

MI REFLEXIÓN DIARIA

¿Qué mensaje quiere darle Dios con esta promesa profética?

LIBERTAD INUSUAL

Estad, pues, firmes en la libertad con que Cristo nos hizo libres, y no estéis otra vez sujetos al yugo de esclavitud.
—GÁLATAS 5:1

DEFINICIÓN

Libertad: "Calidad o estado de ser libre, como: (a) ausencia de necesidad, coerción o restricción en la elección o acción; (b) liberación de la esclavitud, de cualquier restricción o del poder de otro; (c) calidad o estado de estar exento o liberado generalmente de algo oneroso".

DEVOCIÓN

¡Jesús vino a liberarnos totalmente! Los que entienden y maximizan la gracia de Dios, disfrutan de una libertad inusual. Son liberados de las mentiras del infierno. Son liberados de la pesada carga de la religión y de la culpa y la condena. Acceden a la libertad en sus mentes y emociones.

Jesús no pagó solo una parte del precio de nuestra libertad, sino que saldó toda la deuda para que pudiéramos vivir en su vida abundantemente, sin restricciones. Tome hoy la decisión de vivir en su libertad inusual. Reciba el amor desbordante de Dios y su provisión para cada aspecto de su vida. No hay lugar para la esclavitud, porque Jesús rompe la esclavitud. Cuando Dios entra en su vida, la esclavitud huye; y cuando

Él entra en una habitación, el infierno se somete. Su glorioso poder destruye las cuerdas obstructivas del infierno. ¡Hoy es un día de libertad gloriosa e inusual para usted!

CONFESIÓN

¡Declaro que soy libre! Soy libre porque Dios pagó el precio de mi libertad. Le ordeno a toda esclavitud que huya de mi vida. Le ordeno al miedo que se aleje. Le ordeno a la pesadez, a la duda, a la vergüenza y a la preocupación que se vayan. Libero la voluntad de Dios en cada situación que enfrento. Declaro que Jesús reina en cada aspecto de mi vida. Soy gloriosamente libre en el nombre de Jesús, amén.

MI REFLEXIÓN DIARIA

¿Qué mensaje quiere darle Dios con esta promesa profética?

....

....

....

....

....

....

DÍA 38

FAVOR INUSUAL

Porque tú, oh Jehová, bendecirás al justo; como
con un escudo lo rodearás de tu favor.
−Salmo 5:12

DEFINICIÓN

Favor: "Aprobar consideración o atención; parcialidad; permiso; popularidad".

DEVOCIÓN

El favor de Dios abre puertas y nos lleva ante gente maravillosa. Es el instrumento de la promoción sobrenatural de Dios. El favor de Dios es un regalo que forma parte de la herencia que debemos disfrutar como creyentes. Cuando el favor de Dios se manifiesta en nuestra vida, las promesas se cumplen rápidamente. El favor de Dios hará que estemos en el lugar correcto, en el momento correcto y disfrutando del acceso. Va delante de nosotros.

El Salmo 5:12 dice que el favor de Dios nos rodea como un escudo. Eso significa que hay una dimensión protectora del favor de Dios y que las mentiras del enemigo no podrán atravesar ese escudo que Dios ha puesto alrededor de nosotros.

Si usted se rodea del favor de Dios, se rodeará de oportunidades inusuales. La fuerza del favor de Dios lo impulsará en abundancia, y despojará de su poder a las palabras del infierno. El favor de Dios es suyo y, por lo tanto, el acceso divino y la promoción de Dios.

CONFESIÓN

Te agradezco Señor, porque estoy rodeado de tu favor. Decreto niveles y medidas de tu favor inusuales sobre mi vida, mi familia, mi dinero, mi trabajo y mi misión. Tu favor divino va delante de mí creando accesos, defendiéndome y guiándome. Camino en tu favor divino, en el nombre de Jesús, amén.

MI REFLEXIÓN DIARIA

¿Qué mensaje quiere darle Dios con esta promesa profética?

DÍA 39

IDEAS INUSUALES

Porque he aquí, el que forma los montes, y crea el viento, y anuncia al hombre su pensamiento; el que hace de las tinieblas mañana, y pasa sobre las alturas de la tierra; Jehová Dios de los ejércitos es su nombre.

—AMÓS 4:13

DEFINICIÓN

Idea: "Pensamiento u opinión formulado; conocimiento o suposición sobre algo; significado central o el fin principal de una acción o situación particular; plan de acción; norma de perfección".

DEVOCIÓN

El poder creativo del cielo puede manifestarse en su vida a través de la mente de Cristo. Dentro de la mente de Dios hay ideas divinas. ¿Cómo sería su vida si las ideas divinas dominaran en su mente? Todos los grandes esfuerzos empresariales comienzan con una idea. Los libros más profundos y las propiedades intelectuales nacen a través de una idea.

Veo llegar a su vida respuestas y soluciones inusuales a través de las ideas que Dios tiene para usted. Comience hoy a soñar y a imaginar las posibilidades de Dios. Niéguese a tener pensamientos pequeños y sueños limitados. Dios no lo creó para que viva atrapado en pensamientos de bajo nivel.

Él creó su mente para que se eleve y explore sus conceptos creativos. El próximo gran logro puede venir a través de un destello de la imaginación. Veo cómo sus pensamientos se alinean con el ritmo del cielo. Veo cómo sus pensamientos se ponen de acuerdo con el intelecto de Dios. Veo cómo su imaginación se libera de la prisión del miedo, y veo que usted vuela por encima de toda norma.

CONFESIÓN

Gracias Señor por tus ideas, pensamientos y sabiduría inusuales en mi vida. Decreto que tengo acceso total a tu mente y pensamientos. Mis pensamientos se alinean con los tuyos. Tus ideas son mis ideas. Camino en la sabiduría celestial y veo las soluciones a los problemas. Sé discernir y poner en práctica tus ideas en mi vida. En el poderoso nombre de Jesús, amén.

MI REFLEXIÓN DIARIA

¿Qué mensaje quiere darle Dios con esta promesa profética?

....

....

....

....

....

ESTRATEGIAS INUSUALES

¡Cuán preciosos me son, oh Dios, tus pensamientos!
¡Cuán grande es la suma de ellos!
–SALMO 139:17

DEFINICIÓN

Estrategia: "Ciencia y arte de emplear las fuerzas políticas, económicas, psicológicas y militares de una nación o grupo de naciones para proporcionar el máximo apoyo a las políticas adoptadas en paz o en guerra; ciencia y arte de comando militar ejercida para encontrarse con el enemigo en combate en condiciones ventajosas; variedad o instancia del uso de la estrategia; plan o método cuidadoso; el arte de diseñar o emplear planes o estratagemas hacia una meta".

DEVOCIÓN

Tener una estrategia marca una enorme diferencia. Es un camino claro tomado con pasos decisivos para implementar una idea o solución. Una estrategia es una manifestación de sabiduría. Como ciudadanos del Reino, somos llamados a ser estratégicos y a implementar soluciones; pero debemos ver, escuchar y recibir la sabiduría de Dios. Una de las cosas que el Espíritu Santo hará por nosotros es proporcionar una visión estratégica para enfrentar y superar los desafíos. Los ciudadanos del Reino reciben un manto para vencer. No se supone que debemos permanecer atados.

La visión profética revelará la raíz del problema y los designios de Dios respecto cualquier asunto. Si insistimos, también recibiremos revelación de la estrategia del cielo en cada situación. Como personas proféticas, debemos anhelar conocer las estrategias divinas y estar preparados para recibir estrategias inusuales. En otras palabras, Dios puede mostrarnos cómo hacer algo de maneras inusuales, que desafían aquello a lo que estamos acostumbrados. No rechacemos las instrucciones extrañas. Las estrategias del Señor pueden ser totalmente diferentes de lo que esperamos, pero si obedecemos su voz, tendremos logros sobrenaturales.

CONFESIÓN

Padre, te agradezco por tus soluciones inusuales y estrategias creativas. Te agradezco por tu sabiduría que está en abundante operación en mi vida. Decreto que soy un pensador estratégico, entregado a la oración y visionario. Soy un solucionador porque tu Espíritu vive en mí y me da acceso a tus pensamientos. Recibo las estrategias del cielo ahora, en el nombre de Jesús, amén.

MI REFLEXIÓN DIARIA

¿Qué mensaje quiere darle Dios con esta promesa profética?

....

....

....

GUERRA INUSUAL

Jehová es varón de guerra; Jehová es su nombre.
—ÉXODO 15:3

DEFINICIÓN

Guerra: "Operaciones militares entre enemigos; una actividad realizada por una unidad política (como una nación) para debilitar o destruir a otra; lucha económica; lucha entre entidades competidoras: conflicto".

DEVOCIÓN

Cuando alcance el siguiente nivel de su mandato, no se sorprenda si enfrenta altos niveles de resistencia. El infierno tiene como propósito evitar su progreso y tendrá que hacerle frente a la oposición del infierno a su crecimiento y desarrollo. El diablo utilizará estrategias malvadas para hacerle tirar la toalla, pero usted no debe ceder.

Muchas veces, cuando se pasa a otro nivel en la misión, de repente se enfrentan a ataques que son totalmente diferentes a los que se han experimentado en el pasado. Esta es una manifestación de guerra inusual. Los poderes del infierno actúan como guardianes que se oponen a los ámbitos particulares de la verdad y el progreso espiritual. Yo siempre le digo a la gente que tomen esos ataques como una confirmación. Si reciben oposición del diablo, es porque están en el camino correcto y progresando. En lugar de enojarse, ¡comience a alabar a Dios! El infierno ve su destino e intenta convencerle de abortar su misión, pero el Señor es un varón de guerra y está luchando a su lado y por usted. Su destino es ganar, pues Dios le ha brindado protección y soluciones inusuales para esta guerra inusual que viene en su contra.

CONFESIÓN

Gracias Señor, por tu poder y fortaleza en mi vida. Declaro que se rompen todas las mentiras y ataques del infierno. Te doy alabanza y gloria por tu mano sobre mi vida. ¡Sé que la victoria es mía! ¡Sé que me has dado la libertad! Eres un guerrero y por eso libero tu fuerza en cada aspecto de mi vida. En el nombre de Jesús, amén.

MI REFLEXIÓN DIARIA

¿Qué mensaje quiere darle Dios con esta promesa profética?

PALABRAS INUSUALES

Yo soy Jehová tu Dios, que te hice subir de la tierra de Egipto;
abre tu boca, y yo la llenaré.
—SALMO 81:10

DEFINICIÓN

Palabra: "Sonido vocal o una serie de sonidos vocales que simbolizan y comunican un significado, generalmente sin ser divisible en unidades más pequeñas capaces de usarse independientemente; todo el conjunto de formas lingüísticas producidas mediante la combinación de una sola base con varios elementos de inflexión, sin cambios en los elementos del habla; carácter o caracteres escritos o impresos que representan la palabra hablada".

DEVOCIÓN

El lenguaje es fundamental en la formación de toda cultura. El cielo tiene su propio lenguaje. La Biblia tiene su lenguaje. Y cuando somos salvos nuestro lenguaje cambia.

Las palabras que pronunciamos forman el ámbito del espíritu. Tenemos la fuerza creativa del cielo en nuestro interior, y nuestra lengua es un instrumento profético de poder.

Dios quiere darle palabras inusuales para que usted exprese y manifieste su Reino y, para lograrlo, iluminará su comprensión y vocabulario. ¡Incline su oído y escuche!

Dios llenará su boca y desde la misma gloria de Dios saldrán palabras divinas de sus labios. Vendrán palabras proféticas. Declarará palabras de sabiduría. Articulará los objetivos del Reino y Dios le dará palabras proféticas inusuales. No tenga temor de pronunciar aquello que nunca antes ha dicho. ¡Ese es Dios llenando su boca!

CONFESIÓN

Señor, hoy abro mi boca para que tú la llenes con tus palabras. Recibo tus palabras creativas. Recibo tus palabras de poder. Recibo las expresiones y frases del Reino. Creo que mi boca está llena de tus palabras. Expreso tus ideas, tus intenciones y tu poder. En el nombre de Jesús, amén.

MI REFLEXIÓN DIARIA

¿Qué mensaje quiere darle Dios con esta promesa profética?

SONIDOS INUSUALES

Y muchos de los sacerdotes, de los levitas y de los jefes de casas paternas, ancianos que habían visto la casa primera, viendo echar los cimientos de esta casa, lloraban en alta voz, mientras muchos otros daban grandes gritos de alegría. Y no podía distinguir el pueblo el clamor de los gritos de alegría, de la voz del lloro; porque clamaba el pueblo con gran júbilo, y se oía el ruido hasta de lejos.

—ESDRAS 3:12-13

DEFINICIÓN

Sonido: "Sensación percibida por el sentido del oído".

DEVOCIÓN

¡Existen los sonidos del cielo! Hay sonidos de alabanza, sonidos de adoración, sonidos de hambre de su presencia. Recuerdo una ocasión hace unos años en la que estaba predicando y experimenté un hambre inusual entre la gente. Sin duda había un flujo de avivamiento en medio nuestro que Dios estaba causando; pero la parte más sorprendente fue la búsqueda radical de la gente. Comenzaron a correr hacia el frente, buscando a Dios. Lloraban, gritaban y oraban. El templo estaba lleno de un sonido muy diferente a cualquiera que hubiera experimentado antes en otras iglesias. No era común, ¡era algo inusual!

Esté atento a los sonidos inusuales en su vida. Dios puede

atraer su oído a un sonido de oración. Él puede poner delante de usted una canción de adoración que desbloquee algo. Los sonidos crean atmósferas y creo que Dios tiene la intención de liberar el cielo en su vida. Él desea invitarlo a su gloria y poder. Escuche los sonidos del hambre y del avivamiento, y luego expréselos en su vida.

CONFESIÓN

Padre, te agradezco por producir un hambre de ti que trae sonidos inusuales. Gracias por los sonidos inusuales de adoración en mi vida. Gracias por los sonidos proféticos inusuales. Decreto en el nombre de Jesús que mis oídos espirituales están abiertos y escucho tus sonidos en mi vida. Declaro que soy un adorador y te alabo. Elijo dar expresión a mi hambre de ti. Elijo liberar los sonidos del avivamiento, en el nombre de Jesús, amén.

MI REFLEXIÓN DIARIA

¿Qué mensaje quiere darle Dios con esta promesa profética?

DÍA 44

OCASIONES INUSUALES

En tiempo aceptable te he oído, y en día de salvación
te he socorrido. He aquí ahora el tiempo acep-
table; he aquí ahora el día de salvación.

—2 CORINTIOS 6:2

DEFINICIÓN

Tiempo: En griego, la palabra *kairos* significa "una medida de tiempo, una porción de tiempo corta o larga. Tiempo fijo y definido, tiempo en que la situación llega a un punto de crisis, la época decisiva que se esperaba; tiempo oportuno o estacional; el tiempo correcto; período limitado; la hora en que llega algo; el estado de los tiempos; las cosas y acontecimientos del tiempo".[1]

DEVOCIÓN

Los milagros ocurren en cualquier momento, por lo que debemos aprender a discernir las ocasiones inusuales. Existen ventanas de oportunidad claves que debemos ver y aprovechar. No podemos darnos el lujo de dejar pasar estas ocasiones si anhelamos estar en sincronía con el tiempo de Dios y dentro de su paz sobrenatural para nuestra vida y nuestro destino. Los momentos milagrosos proporcionan acceso fundamental a la dimensión del poder divino. Es posible que la trayectoria de su vida cambie de un solo momento, en una sola ocasión.

En los momentos inusuales ocurren acontecimientos inusuales. Pueden ser momentos de destino o de visión profética. Pueden ser momentos de abundancia del favor de Dios. Pueden ser momentos de restauración o sanidad. No huya de esos momentos, aunque pueda sentirse incómodo con los cambios instantáneos. Estas son respuestas a sus oraciones. Avance en cada momento con determinación y autoridad. ¡El tiempo está cargado de potencial!

CONFESIÓN

Dios, te agradezco por las ocasiones inusuales que traen sanidad, logros y abundancia de tu favor en mi vida. Te agradezco por los momentos milagrosos. Te agradezco por los momentos divinos. Te agradezco por los momentos decisivos. Decreto que me muevo en tu tiempo y que avanzo de manera inusual. Veo y aprovecho mi momento, en el nombre de Jesús, amén.

MI REFLEXIÓN DIARIA

¿Qué mensaje quiere darle Dios con esta promesa profética?

IMPULSO INUSUAL

Andad en todo el camino que Jehová vuestro Dios
os ha mandado, para que viváis y os vaya bien, y
tengáis largos días en la tierra que habéis de poseer.
–DEUTERONOMIO 5:33

DEFINICIÓN

Impulso: "Propiedad que tiene un cuerpo en movimiento en virtud de su masa y movimiento y que es igual al producto de la masa y la velocidad del cuerpo; en términos generales: es la propiedad de un cuerpo en movimiento que determina el tiempo requerido para que descanse cuando está bajo la acción de una fuerza o momento constante; fuerza ganada por el movimiento o por una serie de sucesos".

DEVOCIÓN

No fuimos creados para quedarnos estancados. Fuimos creados para avanzar, para movernos al ritmo que el cielo tiene para nosotros. Fuimos creados para progresar. Los poderes demoníacos intentarán estancarlo en un estado que el cielo no apoya, pero el impulso divino hará que todo aquello que está atascado comience a moverse.

Hoy veo un impulso inusual sobre su vida. Dios lo está guiando hacia adelante, y el poder del infierno no puede atarlo o restringirlo. Usted ha sido ungido para avanzar.

Cuando algo se atasca en el ámbito físico, necesita aceite. La presencia del Espíritu Santo es el aceite que provoca el movimiento necesario para que todo fluya. ¡Espere una nueva unción y avance en su vida!

CONFESIÓN

Padre, te doy gracias por tu impulso inusual. Te agradezco por el rápido movimiento de mi vida. Decreto que me muevo bajo el poder de tu voz. Avanzo según me diriges. Me muevo bajo un aceite fresco que elimina toda fricción y hace que el movimiento divino fluya en mi vida. En el nombre de Jesús, amén.

MI REFLEXIÓN DIARIA

¿Qué mensaje quiere darle Dios con esta promesa profética?

DESCANSO INUSUAL

Porque el que ha entrado en su reposo, también ha reposado de sus obras, como Dios de las suyas.

–HEBREOS 4:10

DEFINICIÓN

Descanso: En la biblia, la palabra griega *katapausis,* denota "descansar; calmar los vientos; un lugar de descanso; metáfora de la bendición celestial en la que Dios habita y de la cual ha prometido hacer partícipes a los creyentes perseverantes en Cristo después de que terminen las pruebas de la vida en la tierra".[1]

DEVOCIÓN

Una persona descansada es una persona pacífica. Cuando nos establecemos en la paz de Dios, tomamos decisiones sabias y funcionamos mejor. La mente se aclara y el cuerpo se siente mejor. El descanso es vital.

Existe el descanso físico, que es importante; pero también existe el descanso sobrenatural, que proviene de Dios. Es una paz y un frescor que va mucho más allá de la capacidad humana, pues proviene de la confianza en Dios.

Creo que Dios lo quiere llevar hoy a un punto en la fe que generará un descanso inusual. Ya no se sentirá abrumado por las luchas a su alrededor. Ya no tratará de resolverlo todo por su propia cuenta, sino que se rendirá y confiará en Dios en cada aspecto de su vida. Confiar genera descanso, el descanso a su vez produce paz, y los planes y decisiones que nacen en medio de la paz, son mucho más saludables.

CONFESIÓN

Padre, te doy gracias por el descanso inusual que me das. Decreto que mis pensamientos están llenos de tu paz. Decreto que pienso y medito en tus promesas. Decreto que mi mente está plantada en ti. Decreto que mi espíritu está en reposo porque eres mi Padre. Decreto que mi vida está impregnada de tu descanso por todas partes. ¡No me esfuerzo ni lucho, porque estoy plantado en ti y tú eres bueno! En el nombre de Jesús, recibo tu descanso en mi vida. Amén.

MI REFLEXIÓN DIARIA

¿Qué mensaje quiere darle Dios con esta promesa profética?

....

....

....

....

....

DOMINIO INUSUAL

Le hiciste señorear sobre las obras de tus
manos; todo lo pusiste debajo de sus pies.
—SALMO 8:6

DEFINICIÓN

Dominio: "Propiedad; autoridad suprema; soberanía; posesión absoluta".

DEVOCIÓN

El hombre fue creado a imagen y semejanza de Dios para gobernar y reinar. El plan original de Dios para sus hijos era que lo representáramos con poder y autoridad. Solo después de la caída de Adán y Eva fue que el hombre renunció a la autoridad designada por Dios y el enemigo se afianzó en la tierra. ¡Jesús vino para redimir, o recuperar a la humanidad! Vino a deshacer lo que Adán y Eva hicieron.

Ahora estamos posicionados en Jesús y somos llamados a reinar. No debemos inclinarnos ante los poderes del infierno; más bien, ¡el infierno debe inclinarse ante nosotros! No debemos huir de la oposición demoníaca, ¡sino romperla y gobernar sobre la oposición a través de la autoridad de nuestro Reino!

Dios quiere establecerlo en la fe para que obtenga un dominio inusual. Él quiere que tome su lugar de gobierno para derrotar las obras del enemigo. ¡La victoria le pertenece!

CONFESIÓN

Padre, te agradezco porque camino en tu dominio. No estoy sujeto a los ataques del enemigo. Yo gobierno y reino en ti. Me elevo alto en ti. Remonto tus vientos y me muevo en tu gloria. Soy tu hijo y, por lo tanto, el dominio me pertenece. Decreto tu dominio en mi vida hoy. En el poderoso nombre de Jesús, amén.

MI REFLEXIÓN DIARIA

¿Qué mensaje quiere darle Dios con esta promesa profética?

....

....

....

....

....

....

....

....

RETORNOS INUSUALES

Cuando Él los vio, les dijo: 'Id, mostraos a los sacerdotes'.
Y aconteció que mientras iban, fueron limpiados.
—LUCAS 17:14

DEFINICIÓN

Giro: "Regreso; cambiar o invertir la dirección, la tendencia, la política, o un rol".

DEVOCIÓN

En ocasiones, es necesario dar un giro para deshacer lo que se ha hecho. ¿Cuántas veces nos hemos enfrentado a situaciones que parecían imposibles de revertir? ¡Esas situaciones se pueden deshacer en un momento determinado por el poder de Dios! Los diez leprosos que Jesús curó, experimentaron ese giro (ver Lucas 17:11–19.) El ciego Bartimeo vivió un cambio radical cuando Jesús le devolvió la vista (ver Marcos 10:46–52). La mujer del flujo de sangre experimentó un retorno maravilloso de su salud cuando Jesús la sanó (ver Lucas 8:43–48.) Esto es lo que hace el poder de Dios; desactiva el poder del ataque y lo devuelve a aquel que lo originó.

En la presencia de Dios siempre hay giros inusuales. Hoy y en el futuro, crea en ello. Revise su vida e identifique aquello en lo que necesita un cambio por el poder de Dios. Todo puede cambiar y cambiará en la medida en que permanezca en la fe. Crea en las promesas de Dios. Dele gracias de antemano porque su situación en particular ya dio el giro necesario.

CONFESIÓN

Gracias Señor, por los giros inusuales que le das a mi vida. Los espero y creo en ellos. Decreto esos giros en mi vida. Decreto que causas esos giros para bien en mi vida. Decreto que tu poder está obrando y no tengo miedo o desánimo. Me fortalezco en tu Palabra y creo que el cielo está dándole un giro a cada situación negativa de mi vida. En el nombre de Jesús, creo que un poder milagroso está fluyendo hoy. Amén.

MI REFLEXIÓN DIARIA

¿Qué mensaje quiere darle Dios con esta promesa profética?

FLUJO INUSUAL

*Luego Jesús, conociendo en sí mismo el poder
que había salido de Él, volviéndose a la multitud, dijo: ¿Quién ha tocado mis vestidos?.*
—MARCOS 5:30

DEFINICIÓN

Fluir (verbo): "Emisión o movimiento de algo en una secuencia; proceder sin problemas y fácilmente; derivar de una fuente; (sustantivo): movimiento o progreso suave e ininterrumpido".

DEVOCIÓN

Cuando el poder de Dios comienza a fluir, suceden cosas inusuales. El poder de Dios puede cambiar una situación, puede sanar un cuerpo, puede enderezar algo que está torcido. Ese flujo de poder marca una enorme diferencia. Ese flujo inusual de poder desbloquea resultados inusuales. Ese flujo inusual de poder trae fuerza y habilidades muy necesarias. Ese flujo de poder libera logros inusuales.

Cuando el poder del cielo fluya y se derrame sobre usted, su vida cambiará. Declaro que un flujo inusual del poder, la gracia y la gloria de Dios se derraman sobre usted. Y en la medida en que esto ocurre, recibirá la capacidad de hacer lo que está llamado a hacer. Un nivel de virtud inusual fluye para traer vida. Un nivel de sabiduría inusual fluye de la mente de Dios. Un nivel de unción inusual fluye para instruir, fortalecer y romper ataduras. Ese flujo inusual del poder de Dios trae resultados inusuales.

Reciba el flujo del poder de Dios. Manténganse en él. Agradezca a Dios por él. ¡En él hay poder!

CONFESIÓN

Gracias Señor, por el flujo de tu poder en mi vida. Gracias Señor, por el flujo de tu unción en mi vida. Gracias Señor, por el flujo de tu favor en mi vida. Gracias Señor, por el flujo de tu gracia en mi vida. Invoco tu flujo inusual en mi vida hoy. Declaro que tu río está fluyendo. Declaro que tu gloria está fluyendo. Declaro que tu sabiduría está fluyendo. Recibo ese fluir en mi vida, en el nombre de Jesús, amén.

MI REFLEXIÓN DIARIA

¿Qué mensaje quiere darle Dios con esta promesa profética?

ELEVACIÓN INUSUAL

*Jehová empobrece, y Él enriquece; abate, y
enaltece. Él levanta del polvo al pobre, y del mula-
dar exalta al menesteroso, para hacerle sentarse
con príncipes y heredar un sitio de honor.
Porque de Jehová son las columnas de la
tierra, y Él afirmó sobre ellas el mundo.*
—1 SAMUEL 2:7-8

DEFINICIÓN

Elevación: "Altura a la que se eleva algo; como (a) la distancia
angular de algo (como un objeto celeste) sobre el horizonte;
(b) el grado en que se apunta un arma sobre el horizonte;
(c) la altura sobre el nivel del mar; la capacidad de alcanzar
una elevación; el acto o instancia de elevarse; algo que está
elevado; calidad o estado de estar elevado".

DEVOCIÓN

¡Dios es quien nos promueve y eleva! Él es quien puede colo-
carnos en una posición que otros han intentado obtener, y
que podemos alcanzar simplemente por haber agradado a
Dios. Cuando Dios nos exalta, nadie puede sacarnos del
lugar donde Él nos ha colocado. Dios es el que hace que
esos vientos de promoción soplen sobre nuestra vida.

Esta clase de elevación inusual proviene del Señor. Él crea

vías de oportunidad en nuestra vida. Él coloca a su pueblo en posiciones de influencia en favor de su Reino. Esta es la manifestación del Reino, y es fundamental que comprendamos que esta clase de elevación por parte de Dios tiene un propósito. Él nos eleva para establecer la justicia y hacer la obra del Reino.

CONFESIÓN

Gracias Señor, por elevarme de esa manera. Decreto que me elevas y estableces en una posición divina. Te agradezco porque actúo con humildad. Reconozco que toda promoción proviene de ti y no de mí. Recibo tu elevación en el nombre de Jesús, amén.

MI REFLEXIÓN DIARIA

¿Qué mensaje quiere darle Dios con esta promesa profética?

_____

_____

_____

_____

_____

_____

_____

LIBERACIÓN INUSUAL

Acontecerá en aquel tiempo que su carga será
quitada de tu hombro, y su yugo de tu cerviz, y
el yugo se pudrirá a causa de la unción.
—ISAÍAS 10:27

DEFINICIÓN

Liberación: "Librarse de alguna restricción, confinamiento o servidumbre; liberarse de algo que limita, carga u oprime; apartarse de la posición normal en la que uno se encuentra".

DEVOCIÓN

El Señor tiene preparada una liberación inusual para usted. Es hora de que se separe del pesado confinamiento que lo oprime. Bajo el poder de la liberación inusual, algo se desata. Ocurren movimientos estratégicos en su vida.

Dios no solo quiere darle libertad, sino también librarlo de preocupaciones. Imagine a Dios liberando todo aquello que le ha sido retenido: ideas, dinero, estrategias proféticas. ¡El cielo tiene liberaciones inusuales preparadas para usted!

Cuando alcance esa liberación, saldrá de donde se encuentra. Esto significa que avanzará hacia algo nuevo. La mayoría de las veces, cuando Dios produce esta clase de rupturas, requiere un cambio de operación y de posición. ¡Pero esto requiere de una liberación inusual!

CONFESIÓN

Padre, te agradezco por la liberación inusual que me concedes. Me estás llevando divinamente a la posición correcta en mi vida. Estás liberando cosas para mi bien y a mi favor. Decreto una liberación de ideas, de fondos, de tareas y de oportunidades. Todo aquello que está retenido y que me pertenece será liberado hoy en el nombre de Jesús. Decreto que soy liberado de todo enredo y que soy libre de navegar y de disfrutar de tu voluntad. En el nombre de Jesús, amén.

MI REFLEXIÓN DIARIA

¿Qué mensaje quiere darle Dios con esta promesa profética?

....

....

....

....

....

....

....

....

SEMILLAS INUSUALES

Subió, pues, Salomón allá delante de Jehová, al
altar de bronce que estaba en el tabernáculo de reu-
nión, y ofreció sobre él mil holocaustos.

−2 Crónicas 1:6

DEFINICIÓN

Semilla: "Granos u óvulos maduros de las plantas utilizadas para la siembra; óvulo madurado y fertilizado de una planta con flores que contiene un embrión y que normalmente puede germinar para producir una nueva planta; estado o etapa de producir semillas; fuente de desarrollo o crecimiento".

DEVOCIÓN

Antes de pedir sabiduría en oración, Salomón ofreció mil holocaustos en un altar diseñado para sacrificar una sola ofrenda a la vez. Salomón ofreció una semilla inusual y Dios le respondió de manera inusual, dándole abundante sabiduría y riquezas. La semilla de Salomón provocó la generosidad de Dios.

Hay ámbitos de dadivosidad que lo llevarán a alcanzar nuevas dimensiones de cosecha. Es normal que usted se sienta nervioso, e incluso temeroso de dar de esa manera, pero al superar esa barrera, nada lo limitará.

Las semillas inusuales comienzan con impulsos inusuales. Usted simplemente sentirá que Dios lo impulsa a hacerlo. Experimentará una paz como confirmación y, como resultado de su obediencia, verá resultados extraordinarios.

Dios no le pide que dé porque quiere quitarle algo, sino porque desea agregar mucho más a su vida. Dar es una de las acciones de vivir en el Reino, porque los que viven en el Reino son generosos. Y su dinero no es la única semilla que puede ofrecer, sino también su tiempo, su servicio y sus oraciones. Toda su vida es una semilla y Dios lo guiará a liberar semillas inusuales para que reciba bendiciones en niveles y medidas inusuales.

CONFESIÓN

Decreto que siembro semillas inusuales y siego cosechas inusuales. Decreto que la abundancia es mía en el nombre de Jesús. Declaro que soy sensible a tu Espíritu, Señor. Cuando me pidas que siembre, no tendré miedo. No me rebelaré ni retendré nada de ti. Libero lo que me pides que dé, y anticipo una cosecha inusual y sobrenatural. En el nombre de Jesús, amén.

MI REFLEXIÓN DIARIA

¿Qué mensaje quiere darle Dios con esta promesa profética?

DÍA 53

DESCUBRIMIENTOS INUSUALES

*Es privilegio de Dios ocultar un asunto, y
privilegio del rey descubrirlo.*
—PROVERBIOS 25:2, NTV

DEFINICIÓN

Descubrir: "Dar a conocer o revelar algo; ver o tener conocimiento de algo por primera vez: encontrar; hacer un descubrimiento".

DEVOCIÓN

En este contexto, el descubrimiento es un acto profético. Es mirar dentro del ámbito espiritual y encontrar aquello que estaba oculto. Esto es vital para vivir la voluntad de Dios para su vida. No es posible navegar en lo que no se ha buscado y descubierto.

El Señor irá revelándole descubrimientos inusuales a medida que usted se apoye en Él. Lo llevará a que busque la solución. Lo llevará a que vea el siguiente paso. Hará que lo oculto se revele y permitirá que su luz brille sobre lo que está encubierto. Esto forma parte de su plan de desarrollo y provisión para usted. Forma parte de su propósito. Dios liberará en usted la capacidad de descubrir algo, de verlo y de conocerlo. ¡Esta es su porción como hijo suyo!

CONFESIÓN

Gracias Señor, por los descubrimientos inusuales en mi vida. Decreto que el espíritu de sabiduría y revelación está activo en mí. Declaro que mis ojos espirituales son agudos y mis oídos escuchan bien. Tu Espíritu me guía hacia toda verdad y hacia tu voluntad divina para mi vida. Nada de lo que quieres que vea y sepa está oculto para mí. Claramente conozco tu voluntad. Claramente conozco tu corazón. Soy tu hijo y decreto que discerniré correctamente tus pensamientos. En el nombre de Jesús, amén.

MI REFLEXIÓN DIARIA

¿Qué mensaje quiere darle Dios con esta promesa profética?

....

....

....

....

....

....

....

....

CONFIANZA INUSUAL

En ti confiarán los que conocen tu nombre, por cuanto tú, oh Jehová, no desamparaste a los que te buscaron.
—Salmo 9:10

DEFINICIÓN

Confianza: "Seguridad sobre el carácter, las habilidades, la fuerza o la sinceridad de alguien o algo; persona en la que se tiene seguridad; dependencia de algo futuro o contingente: esperanza".

DEVOCIÓN

El Padre no solo lo colocó a usted en un camino de la búsqueda, sino de la confianza. Él le está enseñando a confiar en sus planes, en sus caminos y en su voluntad. Su mente tratará de resolverlo todo, pero a veces el momento exigirá un salto de fe de su parte. Esa es la clave del cambio: tener una fe decidida en Dios.

La vida del que confía en Dios es de paz y de búsqueda. Cuando uno entiende el amor que el Padre nos tiene, se desarrolla una confianza inusual. Uno se muestra dispuesto a seguir instrucciones difíciles que desafían la lógica; a hacer lo que Pedro hizo en Lucas 5 y lanzarse a las profundidades, a pesar de que la lógica gritaba: "¡No lo hagas, no es posible!". Cuando se actúa con fe y confianza en Dios, es que se puede ver ese ámbito mayor de la cosecha. Los que se atreven a confiar en Dios de manera decidida, cosechan enormes beneficios.

CONFESIÓN

Señor, confío en ti. Tengo confianza en ti. Creo que cuando hablas, es para mi bien. Creo que cuando me diriges, tienes una bendición en mente. No tengo miedo de salir y obedecerte. Decreto y declaro que vivo libre de miedo. Decreto que vivo en el ámbito de la confianza inusual y por eso confío en ti. En el nombre de Jesús, amén.

MI REFLEXIÓN DIARIA

¿Qué mensaje quiere darle Dios con esta promesa profética?

CATAPULTA INUSUAL

Cuando terminó de hablar, dijo a Simón: Boga mar
adentro, y echad vuestras redes para pescar.
—LUCAS 5:4

DEFINICIÓN

Catapultar: "Lanzar por o como por una catapulta; antiguo dispositivo militar para lanzar piedras o misiles".

DEVOCIÓN

La catapulta de Dios hará que usted tenga un impulso repentino. Es hora de que tenga un impulso personal a través de los planes y las asignaciones del cielo. Es hora de que tenga un impulso hacia la buena salud. Es hora de que sea impulsado hacia nuevas oportunidades y encuentros. Es hora de que sea impulsado a un nivel de sabiduría inusual.

Cuando la catapulta inusual del cielo llega a su vida, ¡lo impulsa a las soluciones! No hay nada como las respuestas y soluciones del cielo. Tenga en cuenta que hay un tiempo sobrenatural conectado a cada promesa profética de su vida.

El enemigo intentará atacar su fe, le dirá cosas que Dios dijo que no sucederían, pero él es un estafador y es el padre de la mentira (ver Juan 8:44). No ceda ante la voz del enemigo; más bien, prepárese para ser catapultado. Si obedece a Dios, Él catapultará su vida y el enemigo no podrá detenerlo.

CONFESIÓN

Padre, te agradezco por el impulso divino en mi vida. Decreto que avanzaré con rapidez. Declaro en el nombre de Jesús que mi vida será catapultada de manera inusual. Decreto que el impulso de Dios está obrando en mí y para mí. ¡Declaro que soy lanzado por el poder de Dios hacia todas las bendiciones y propósitos que me pertenecen en el nombre de Jesús! Amén.

MI REFLEXIÓN DIARIA

¿Qué mensaje quiere darle Dios con esta promesa profética?

DÍA 56

CAMBIOS FAMILIARES INUSUALES

He aquí, yo y los hijos que me dio Jehová
somos por señales y presagios en Israel,
de parte de Jehová de los ejérci-
tos, que mora en el monte de Sion.

—ISAÍAS 8:18

DEFINICIÓN

Cambio: "Acción y efecto de cambiar; en lugar de, cambiando una cosa por otra".

DEVOCIÓN

Incluso antes de que Dios creara la Iglesia, formó a la familia, y aún tiene planes maravillosos para ella. Él diseñó a las familias para que lo adoraran, lo buscaran y caminaran en su herencia espiritual como sus hijos. Cuando alcanzamos salvación, nos convertimos en conductos para la bendición y los propósitos de Dios para nuestra familia. Tal vez somos los únicos que sabemos ciertas verdades sobre el Reino, por eso Dios nos posiciona como transformadores de nuestro linaje, a fin de liberar a toda nuestra familia para sus planes.

Conviértase usted también en un intercesor, y no se conforme sino con lo mejor que Dios tiene preparado para su familia. Él hizo un pacto con usted que incluye a sus familiares, y quiere colocarlo en la brecha por ellos. El anhelo de Dios es que usted se aferre a su Palabra y reclame sus promesas para cada uno de los miembros de su familia, y luego descanse en Él y le adoremos.

Agradezca a Dios por el cambio inusual que tiene para su familia. Dios envía ángeles a su hogar cuando usted ora. Su gloria comienza a liberarse mientras usted está de rodillas. Dios ya le ha dio la victoria. Crea y espere ese cambio. ¡Es suyo!

CONFESIÓN

¡Declaro que mi casa y yo serviremos al Señor! Padre, te agradezco por las promesas que tienes para mi familia. Te agradezco porque tu Palabra es verdad. Reclamo salvación para cada miembro de mi linaje. Reclamo milagros y liberación para mi familia. Ato los poderes del infierno y libero la sangre de Jesús sobre mi familia. Decreto cambios milagrosos para mi familia. En el nombre de Jesús, amén.

MI REFLEXIÓN DIARIA

¿Qué mensaje quiere darle Dios con esta promesa profética?

AMIGOS INUSUALES

El que anda con sabios será sabio, mas el
compañero de los necios sufrirá daño.
—Proverbios 13:20, LBLA

DEFINICIÓN

Amigo: la palabra hebrea *ra'ái*, que se traduce como "compañero" en Proverbios 13:20, significa "asociarse con, ser amigo de; (*Qal*) asociarse con; (*Hithpael*) ser compañeros".[1]

DEVOCIÓN

Uno de los mejores regalos que Dios puede darle son los buenos amigos. Creo que Él está trayendo relaciones inusuales y sobrenaturales a su vida, amigos para bendición que no le causen estrés. Dios está colocando personas sanas a su alrededor que formarán parte de su plan, y que no le robarán toda la energía.

Muchos terminan agotados porque pasan el tiempo con las personas equivocadas. Se juntan con personas complicadas que crean atmósferas tóxicas. Libérese de aquellos que ocasionan cargas excesivas y continuas a su vida. Libérese de sus manipulaciones y exigencias. Evite estar cerca de sus emociones poco saludables. No se sienta responsable por el bienestar de aquellos a quienes usted no les debe nada, excepto amor.

Viva de acuerdo a lo que Dios ha planeado para sus relaciones ¡y rodéese de amigos adecuados en su vida!

CONFESIÓN

Padre, te agradezco por colocar buenos amigos en mi vida. Te agradezco por las amistades inusuales que me bendicen, me ayudan a mejorar y me conducen más profundamente hacia ti. Libérame de las personas negativas, escépticas y quejumbrosas. Aleja a las amistades equivocadas y coloca las amistades correctas en mi vida. En el nombre de Jesús, amén.

MI REFLEXIÓN DIARIA

¿Qué mensaje quiere darle Dios con esta promesa profética?

DÍA 58

RENDICIÓN INUSUAL

Porque en Él vivimos, y nos movemos, y somos;
como algunos de vuestros propios poetas también
han dicho: Porque linaje suyo somos.
–Hechos 17:28

DEFINICIÓN

Rendirse: "Ceder ante el poder, el control o la posesión de otro de manera voluntaria o por demanda; renunciar por completo o entregarse especialmente en favor de otro; entregarse (uno mismo) al poder de otro, especialmente como prisionero; entregarse (uno mismo) a algo (como una influencia)".

DEVOCIÓN

El altar es un lugar de refinación. Es donde nuestro corazón se somete completamente a la voluntad de Dios. En muchos sentidos, es un lugar de muerte, pero también de resurrección. Nuestro acto de rendición invita a que nuevos niveles de la gloria y la gracia de Dios fluyan en nosotros y a través de nosotros. Cuando rendimos todo, su poder de resurrección cobra vida dentro de nosotros.

Dios nos hace un llamado a vivir una vida de rendición inusual. Cuando nos rendimos, estamos demostrando plena obediencia y confianza en el Padre. ¡Es en ese lugar de absoluta dependencia al que nuestro corazón vuela cuando su poder se encuentra con nuestra disposición! Ore hoy y pida un mayor nivel de rendición. Crea hoy que es posible vivir una vida enraizada en Él. Cuando usted rinda todo a Dios, su gloria se manifestará.

CONFESIÓN

Aquí estoy, Señor. ¡Úsame! Me someto a tus caminos, a tu plan y a tu voluntad para mi vida. Elijo vivir enraizado en ti. Someto todo a ti. Mi alma te anhela. Anhelo tus caminos, anhelo tu voluntad, anhelo tus planes, anhelo moverme en ti, anhelo operar bajo tu gracia y prosperar a través de tu poder. En el nombre de Jesús, amén.

MI REFLEXIÓN DIARIA

¿Qué mensaje quiere darle Dios con esta promesa profética?

....

....

....

....

....

....

PLANTACIONES INUSUALES

Porque el que siembra para su carne, de la carne segará corrupción; mas el que siembra para el Espíritu, del Espíritu segará vida eterna.
—GÁLATAS 6:8

DEFINICIÓN

Plantar: "Poner o colocar en el suelo algo para que crezca; colocar o sembrar semillas o plantas; implantar; establecer, instituir; colonizar, asentarse".

DEVOCIÓN

¿Qué está usted plantando en este momento en su vida? Es importante meditar en esta pregunta, porque la vida es la suma total de lo que se ha sembrado y de lo que se ha creído. Esta no es mi opinión; es un principio del Reino. Vivimos en una siembra y cosecha permanente.

Debemos ser intencionales sobre lo que plantamos en el ámbito espiritual. Todo crecimiento inusual requiere de una plantación inusual. La cosecha que recibimos es el resultado de lo que plantamos. Cuando vemos a alguien operar con un poder milagroso, estamos viendo el resultado de lo que esa persona ha sembrado. Cuando vemos a una persona con carácter o disciplina consagrados, estamos presenciando una vida entregada. Cuando vemos a una persona que ha salido de la oscuridad y se ha levantado de manera milagrosa para un propósito del Reino, típicamente estamos presenciando el resultado de su cosecha.

Plante hoy el lugar donde quiere estar mañana. Ore con un destino en mente. Siembre con una cosecha en mente. Construya con un cambio en mente. Concéntrese en plantar las semillas adecuadas.

CONFESIÓN

Padre, te agradezco porque planto para tu Reino. Estoy plantando en el Reino del espíritu. Decreto que planto de forma inusual y espero una cosecha inusual y sobrenatural. Decreto que veo la oportunidad de plantar y de actuar en obediencia. Planto sin miedo ni limitaciones. Planto por fe y crezco por fe en el nombre de Jesús. Amén.

MI REFLEXIÓN DIARIA

¿Qué mensaje quiere darle Dios con esta promesa profética?

AVENTURAS INUSUALES

Mas el pueblo que conoce a su Dios se esforzará y actuará.
—DANIEL 11:32

DEFINICIÓN

Aventura: "Empresa que generalmente implica peligro y riesgos desconocidos; salir al encuentro de riesgos; experiencia emocionante o notable".

DEVOCIÓN

Servir a Dios es una gran aventura. A medida que usted crezca y madure en Dios, será invitado a adentrarse en ámbitos poco comunes de fe y victorias. La voz de Dios lo está llamando. Si confía en Él, se moverá con Él y vivirá sin miedo. ¡Libérese del miedo!

Dios tiene preparadas aventuras inusuales para usted. Vienen tareas de las que aún no conoce nada. Hay milagros esperando que usted obedezca y los descubra. Hay hazañas selladas con su nombre. El reino de la aventura no es para los tímidos, sino para los valientes. Cuando usted se apoya en el Padre, Él llena su corazón de confianza. Dios está estableciéndolo firmemente en la fe para que usted pueda disfrutar del viaje a lo desconocido. Es en ese lugar de abandono donde se encontrará con los ámbitos de su poder, los cuales usted no ha experimentado previamente. ¡Dios lo invita a hacerlos suyos! ¡Decídalo! La victoria vendrá solo después de que usted la asuma.

CONFESIÓN

Padre, te agradezco por esta aventura inusual. Creo que me has encargado cambios, milagros y aventuras inusuales. Decreto que soy liberado del miedo. Decreto que escucho y obedezco cuando me hablas. Decreto que estoy dispuesto a hacer lo que tú me mandes. Decreto que estoy cubierto con el espíritu de la fe. Iré a donde tú digas. Haré lo que me digas. Estaré a la altura del desafío, y me embarcaré en hazañas a través de tu poder. En el nombre de Jesú, amén.

MI REFLEXIÓN DIARIA

¿Qué mensaje quiere darle Dios con esta promesa profética?

CONCLUSIÓN

DIOS ESTÁ CONECTANDO a las personas con un propósito inusual. Está formando coaliciones, tribus y familias, y la gente está polinizando de varias corrientes. Los muros están cayendo para que el reino pueda avanzar.

¡Espera lo inusual en tu vida!

- Milagros inusuales
- Avance inusual
- Unción inusual
- Tareas inusuales
- Momentos inusuales
- Contratos y benefactores inusuales
- Asociaciones, conexiones y alineaciones inusuales
- Valentía inusual
- Genio inusual
- Protección inusual
- *Shamar* inusual
- Percepción inusual

- Discernimiento inusual
- Oración inusual
- Anhelo inusual
- Búsqueda inusual
- Fe inusual
- Adoración inusual
- Alabanza inusual
- Autoridad inusual
- Resistencia inusual
- Atmósferas inusuales
- Limpieza inusual
- Gracia inusual
- Compasión inusual
- Restauración inusual

- Sanación inusual
- Determinación inusual
- Expectativas inusuales
- Paz inusual
- Gloria inusual
- Palabras proféticas inusuales
- Instrucciones inusuales
- Puertas abiertas inusuales
- Puertas cerradas inusuales
- Acceso inusual
- Libertad inusual
- Favor inusual
- Ideas inusuales
- Estrategias inusuales
- Guerra inusual
- Palabras inusuales
- Sonidos inusuales
- Ocasiones inusuales
- Impulso inusual
- Descanso inusual
- Dominio inusual
- Retornos inusuales
- Flujo inusual
- Elevación inusual
- Liberación inusual
- Semillas inusuales
- Descubrimientos inusuales
- Confianza inusual
- Catapulta inusual
- Cambios familiares inusuales
- Amigos inusuales
- Rendición inusual
- Plantaciones inusuales
- Aventuras inusuales

Esta palabra es para usted. Esta palabra es para ya. Esta palabra abona el terreno para los planes de Dios, los cambios de Dios y las aventuras de Dios. ¡Lo inusual es su porción!

NOTAS

INTRODUCCIÓN

1. *Merriam-Webster* (thesaurus), s.v. "unusual", consultado el 10 de septiembre de 2019: https://www.merriam-webster.com/thesaurus/unusual.

DÍA 3:

1. Blue Letter Bible, s.v. "*chriō*", consultado el 10 de septiembre de 2019: https://www.blueletterbible.org/lang/Lexicon/Lexicon.cfm?strongs=G5548&t=KJV.

DÍA 11

1. Blue Letter Bible, s.v. "*shamar*", consultado el 10 de septiembre de 2019: https://www.blueletterbible.org/lang/Lexicon/Lexicon.cfm?strongs=H8104&t=KJV.
2. John Eckhardt, *The Prophet's Manual* (Lake Mary, FL: Charisma House, 2017), 134; *Merriam-Webster*, s.v. "guard", consultado el 10 de septiembre de 2019: https://www.merriam-webster.com/dictionary/guard.

DÍA 12

1. *Merriam-Webster*, s.v. "insight", consultado el 10 de septiembre de 2019: https://www.merriam-webster.com/dictionary/insight.
2. Google Dictionary, s.v. "insight", consultado el 10 de septiembre de 2019: http://googledictionary.freecollocation.com/meaning?word=insight.
3. Christine A. Lindberg, ed., *Oxford American Writer's Thesaurus*, 3ª ed. (Nueva York: Oxford University Press, 2012), 476.

DÍA 16

1. *Merriam-Webster*, s.v. "seek", consultado el 10 de septiembre de 2019: https://www.merriam-webster.com/dictionary/seek.
2. Dictionary.com, s.v. "seek", consultado el 10 de septiembre de 2019: https://www.dictionary.com/browse/seek.

DÍA 18

1. Blue Letter Bible, s.v. *"shachah"*, consultado el 10 de septiembre de 2019: https://www.blueletterbible.org/lang/Lexicon/Lexicon.cfm?strongs=H7812&t=KJV.

DÍA 19

1. Dr. Roger Barrier, "8 Hebrew Words for 'Praise' Every Christian Needs to Know", Crosswalk.com, consultado el 10 de septiembre de 2019: https://www.crosswalk.com/faith/spiritual-life/8-hebrew-words-for-praise-every-christian-needs-to-know.html.
2. Blue Letter Bible, s.v. *"halal"*, consultado el 10 de septiembre de 2019: https://www.blueletterbible.org/lang/Lexicon/Lexicon.cfm?strongs=H1984&t=KJV.
3. Blue Letter Bible, s.v. *"yadah"*, consultado el 10 de septiembre de 2019: https://www.blueletterbible.org/lang/Lexicon/Lexicon.cfm?strongs=H3034&t=KJV.
4. Blue Letter Bible, s.v. *"barak"*, consultado el 10 de septiembre de 2019: https://www.blueletterbible.org/lang/Lexicon/Lexicon.cfm?strongs=H1288&t=KJV.
5. Blue Letter Bible, s.v. *"têhillah"*, consultado el 10 de septiembre de 2019: https://www.blueletterbible.org/lang/Lexicon/Lexicon.cfm?strongs=H8416&t=KJV.
6. Blue Letter Bible, s.v. *"zamar"*, consultado el 10 de septiembre de 2019: https://www.blueletterbible.org/lang/Lexicon/Lexicon.cfm?strongs=H2167&t=KJV.
7. Blue Letter Bible, s.v. *"towdah"*, consultado el 10 de septiembre de 2019: https://www.blueletterbible.org/lang/Lexicon/Lexicon.cfm?strongs=H8426&t=KJV.
8. Blue Letter Bible, s.v. *"shabach"*, consultado el 10 de septiembre de 2019: https://www.blueletterbible.org/lang/Lexicon/Lexicon.cfm?strongs=H7623&t=KJV.

DÍA 20

1. "What Is the Meaning of *Exousia* in the Bible?". Got Questions Ministries, 26 de julio de 2019, https://www.gotquestions.org/exousia-meaning.html; Blue Letter Bible,

s.v. *"exousia"*, consultado el 10 de septiembre de 2019: https://www.blueletterbible.org/lang/Lexicon/Lexicon. cfm?strongs=G1849&t=KJV.

DÍA 21

1. Lexico.com, s.v. "stamina", consultado el 10 de septiembre de 2019: https://www.lexico.com/en/definition/stamina.

DÍA 22

1. *Random House Kernerman Webster's College Dictionary* (2010), s.v. "atmosphere", consultado el 10 de septiembre de 2019: https://www.thefreedictionary.com/Atmosfer.

DÍA 26

1. Google Dictionary, s.v. "restore", consultado el 10 de septiembre de 2019: http://googledictionary.freecollocation. com/meaning?word=restore.

DÍA 28

1. *Blue Letter Bible*, s.v. "*krinō*," consultado el 10 de septiembre de 2019: https://www.blueletterbible.org/lang/Lexicon/ Lexicon.cfm?strongs=G2919&t=KJV.

DÍA 29

1. *Merriam-Webster (thesaurus)*, s.v. "expect", consultado el 10 de septiembre de 2019: https://www.merriam-webster.com/ thesaurus/expect.

DÍA 30

1. *Blue Letter Bible*, s.v. "*shalowm*", consultado el 10 de septiembre de 2019: https://www.blueletterbible.org/lang/ Lexicon/Lexicon.cfm?strongs=H7965&t=KJV; *Blue Letter Bible*, s.v. "*shalam*", consultado el 10 de septiembre de 2019: https://www.blueletterbible.org/lang/Lexicon/lexicon. cfm?strongs=H7999&t=KJV.

DÍA 31

1. *Blue Letter Bible*, s.v. "*kabowd*", consultado el 10 de septiembre de 2019: https://www.blueletterbible.org/lang/Lexicon/Lexicon.cfm?strongs=H3519&t=KJV.

DÍA 32

1. Bible Study Tools, s.v. "prophet", consultado el 10 de septiembre de 2019: https://www.biblestudytools.com/dictionaries/smiths-bible-dictionary/prophet.html.

DÍA 44

1. *Blue Letter Bible*, s.v. "*kairos*", consultado el 10 de septiembre de 2019: https://www.blueletterbible.org/lang/Lexicon/Lexicon.cfm?strongs=G2540&t=KJV.

DÍA 46

1. *Blue Letter Bible*, s.v. "*katapausis*", consultado el 10 de septiembre de 2019: https://www.blueletterbible.org/lang/Lexicon/Lexicon.cfm?strongs=G2663&t=KJV.

DÍA 57

1. *Blue Letter Bible*, s.v. "*ra`ah*", consultado el 10 de septiembre de 2019: https://www.blueletterbible.org/lang/Lexicon/Lexicon.cfm?strongs=H7462&t=KJV.